Advertising:
Creative and Copy

Eleventh Edition

William F. Arens

Michael F. Weigold

Christian Arens

广告：创意与文案

（第11版）

威廉·阿伦斯

[美]　迈克尔·维戈尔德　著

克里斯蒂安·阿伦斯

丁俊杰　程　坪　陈志娟　译

人民邮电出版社

北　京

图书在版编目(CIP)数据

广告:创意与文案(第 11 版:彩印精装)/(美)阿伦斯(Arens, W. F.),(美)维戈尔德(Weigold, M. F.),(美)阿伦斯(Arens, C.)著;丁俊杰、程坪、陈志娟 等译 .
- 北京:人民邮电出版社,2012.9(2019.12 重印)
ISBN 978-7-115-29072-4

Ⅰ .①广… Ⅱ .①阿… ②维… ③阿… ④丁… Ⅲ .①广告学 Ⅳ .① F713.80
中国版本图书馆 CIP 数据核字(2012)第 179355 号

William F. Arens, Michael F. Weigold, Christian Arens
Contemporary Advertising, 11th Edition
ISBN 0-07-352991-5

北京市版权局著作权合同登记号:01-2012-4476

广告:创意与文案(第 11 版)

◆ 著　　　[美] 威廉·阿伦斯　迈克尔·维戈尔德　克里斯蒂安·阿伦斯
　　译　者　丁俊杰　程　坪　陈志娟 等
　　策　划　刘　力　陆　瑜
　　责任编辑　颜林柯
　　装帧设计　陶建胜
◆ 人民邮电出版社出版发行　北京市东城区夕照寺街 14 号 A 座
　　邮编　100061　电子邮件　315@ptpress.com.cn
　　网址　http://www.ptpress.com.cn
　　电话(编辑部)010-84937150　(市场部)010-84937152
　　北京京宇印刷厂印刷
　　新华书店经销
◆ 开本　889×1194　1/24
　　印张:9.5
　　字数　280 千字　　2012 年 9 月第 1 版　　2019 年 12 月第 4 次印刷
ISBN 978-7-115-29072-4/F

定价:68.00 元
本书如有印装质量问题,请与本社联系　电话:(010)84937153

内 容 简 介

《广告：创意与文案》改编自全球畅销书《当代广告学》（第11版）。《当代广告学》先后被翻译成多种文字出版发行，受到学界和商界两方面的认可和赞誉，被公认为该领域的一本经典教科书。

本书根据《当代广告学》中"广告创作"部分相关内容改编而成，共分3章。主要论述了创意战略与创意过程、如何通过艺术与文案实施创意，以及印刷、电子和数字媒介的广告制作。

本书清晰揭示了广告创意与文案的实际操作，篇幅适中，案例丰富，适合高等院校普通文科、新闻、传媒和工商管理类专业的学生使用，同时，对广告界的从业人员也是一本极好的参考书。

目　录

过去与现在

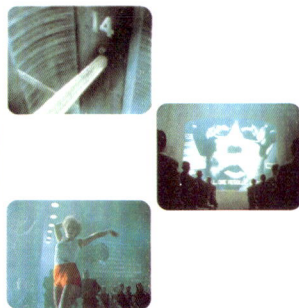

在苹果问世之初，他们兜售的是自己 II 系列计算机的简单和使用的便利，这从他们最早期的印刷广告上可见一斑。当时，他们的印刷广告侧重强调机身和运行系统的明快设计以及拥有一台苹果计算机所代表的巨大可能性。当 IBM 威胁到苹果的市场份额时，苹果用一种极富创意而又令人难忘的方式给了 IBM 迎头一击。苹果的长期合作伙伴李岱艾广告公司为他们创作了"1984"篇电视广告，在当年的世界杯期间播出。这条广告将 IBM 刻画成一个"老大"似的人物，正在给芸芸众生洗脑，后来仅凭一名年轻女子便打破了 IBM 的魔咒。20 多年后，这条广告仍然时常高居顶尖广告排行榜的榜首，众多影响力巨大的广告评论家仍然将其评为有史以来的最佳电视广告。

广告创作

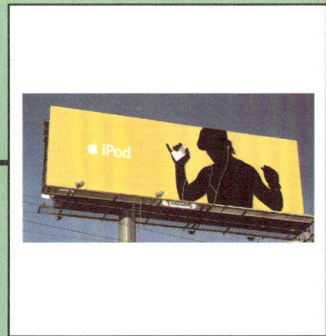

虽然苹果计算机已经赢得了反正统文化和模型技术公司的名声，但他们仍然和李岱艾保持着良好的合作关系，仍然源源不断地推出精彩绝伦的广告。在 2001 年对其运行系统进行了一次大的升级之后，苹果重拳出击，以吸引 Windows 的用户；他们的"改变"广告活动请了名人杰夫·戈德布卢姆（Jeff Goldblum）和威尔·费雷尔（Will Ferrell）为其代言，让他们对 Mac 大唱赞歌。不久以后，他们便推出了为 iPod 创作的标志性剪影广告。广告中，柔和的背景衬托着那个无名的剪影，伴随着耳机中传出的节奏舞动着身躯。最近，他们的"我是一台个人电脑，我是一台 Mac"篇电视广告，继续给苹果计算机涂上比其竞争对手更嬉皮、更友好、更能干的色彩。

创意战略与创意过程

目标 揭示广告战略如何演化为指导创意过程的创意纲要与讯息战略。本章将着重阐述杰出广告的特点、思维方式、创造力本质、创造力在广告中的意义以及创意小组的作用。我们将探讨调研在创意开发和策划中的基本作用，以及创意小组人员所面对的各种常见问题与误区。

阅读本章，你可以学会：

1. **明白**创造力的含义与重要性。

2. **认识**创意小组成员及其主要职责。

3. **掌握**如何区分杰出的广告与平庸的广告。

4. **了解**创意纲要的作用及其对广告艺术表现的影响。

5. **掌握**创意纲要所包含的主要成分。

6. **了解**讯息战略的目的及其与创意战略的区别。

7. **了解**人在创意过程的不同阶段所扮演的四种角色。

8. **掌握**可供创意人员提高其创造力的几种技巧。

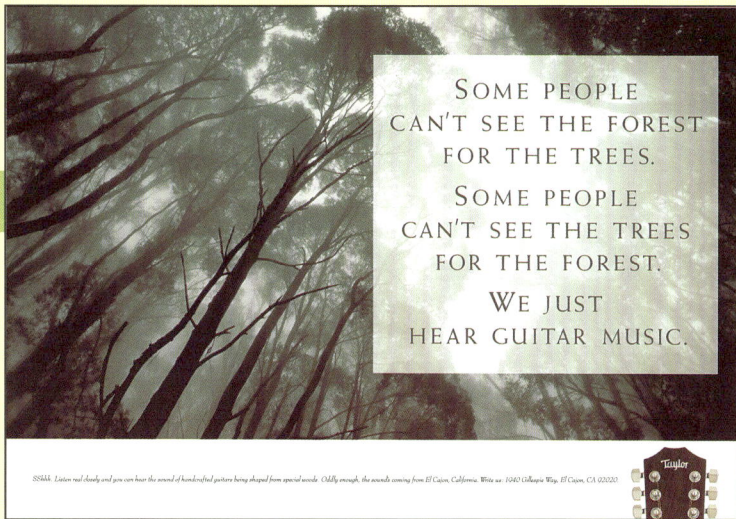

SOME PEOPLE
CAN'T SEE THE FOREST
FOR THE TREES.
SOME PEOPLE
CAN'T SEE THE TREES
FOR THE FOREST.
WE JUST
HEAR GUITAR MUSIC.

Shhhh. Listen real closely and you can hear the sound of handcrafted guitars being shaped from special woods. Oddly enough, the sounds coming from El Cajon, California. Write us: 1940 Gillespie Way, El Cajon, CA 92020

鲍勃·泰勒（Bob Tayler）设计和制作吉他的历史已经超过30年了，他是一名工艺师，他的作品充分显示了这一点。泰勒吉他的平均市场售价为2 000美元左右，有的高达12 000美元，甚至连世界上最好的一些吉他也出自该公司之手。但泰勒吉他的销量与其质量却不成正比。

于是，泰勒和公司的首席执行官库尔特·卢斯汀（Kurt Lusting）召请约翰·维特罗（John Vitro）和约翰·罗伯逊（John Robertson）来承担公司的广告创作任务。约翰·维特罗此时已是一位出色的美术总监，而约翰·罗伯逊则是一位优秀的文案，两者的结合将使效力倍增，即我们所说的创意协同作用。两位约翰都曾是泰勒吉他公司前广告公司的主创人员，但已双双离开，独立组建了自己的公司。现在，不仅泰勒吉他公司想让他们回去，空中接触移动电话公司（AirTouch，现在的弗莱森无线公司，Pactel公司的前身）和

温度扫描公司（Thermoscan）也都有此意。在搬到圣迭哥之前他们曾效力过的李岱艾洛杉矶公司倒希望他们做一些自由撰稿工作为好。

他们身上到底有什么是别人梦寐以求的东西呢？

还在从业之初，他们获得的奖项就比周围的创作团队要多。他们不仅在当地比赛中获奖，还获得过纽约美术总监俱乐部、金铅笔和其他顶级商业出版物重大的国家级奖项。维特罗和罗伯逊本无自己单干的雄心壮志，但他们俩总是顾客盈门，因此似乎也别无选择。于是，他们俩组建了维特罗-罗伯逊公司，客户开始正式上门。

与泰勒吉他公司的第一次会谈是成功的，广告公司与客户对上了眼，而且双方的价值取向似乎也一致。卢斯汀和泰勒都懂营销和广告，他们希望广告能表现他们的公司及其理想——不光要有文字和图片，还要微妙地表现出一点天赋和才

能。

他们的营销问题显而易见，在有限的圈子内，人们承认泰勒吉他的确是一种高品质的乐器。问题是，对于广大吉他业余爱好者来说，他们压根儿不知道泰勒吉他。吉他经销商们告诉泰勒公司的全国销售代表里克·费根（Rick Fagan）说："我们也知道泰勒公司制造的吉他相当不错，但我们的顾客从未听说过你们的产品，没人知道这个名字。"于是，维特罗和罗伯逊不得不制定出一个创意战略，让泰勒吉他的名字成为每一个真正吉他爱好者的口头禅。如果广告成功，这批人在考虑购买下一把吉他时，也许就会要求拨弄一下泰勒吉他了。

费根说："我们可以给他们提供大量的调研数据。"两位约翰认真地看了调查报告，听取了调研人员的汇报并检查了一遍涉及吉他的刊物，发现竞争对手大致采用两种方法：要么侧重比较，要么突出艺术界名人推荐。

维特罗和罗伯逊掌握了这些参数。为了提高名称的识别率，泰勒的广告必须与众不同，必须卓尔不群，同时必须反映出每把泰勒吉他所具备的优秀品质。更重要的是，必须激发出当今音乐家的情感。广告必须与他们促膝交心，而不是居高临下。

创作活动开始了，维特罗－罗伯逊公司的人们开始尝试所有的构思，把它们全记在纸上。空中接触移动电话公司圣迭哥营销经理玛丽·比安凯蒂说："（创意）大多出自他们的直觉，他们的直觉一般都很好。"

他们面临的挑战在于如何将所有的构思凝结成一个单一的"大创意"，如果他们能实现这一点，他们就可以为一系列广告制作出独具特色的讯息。然而，寻找大创意并非一件简单的工作。酝酿最初的构思——5个、10个、20个——往往是一个费神费力的过程。筛选、归类、权衡、放弃、重新开始。一个大创意的产生是90%的辛劳和10%的灵感的结合。

维特罗和罗伯逊想了一个又一个，放弃了一个又一个。突然，灵光一现，大创意应该是树，因为木头来源于树。

他们要用大量树的图片——单棵的树、森林中的树、迷雾笼罩中的树；要用大幅的，不仅仅是整版，要用跨页——两个整版。然后用非常短小、带点幽默色彩的文案向人们讲述木头与人类生活之间的微妙关系。与泰勒公司的对手的做法相反，他们要针对市场的情感一面展开诉求，并且让自己的潜在顾客思考一些问题。

他们准备了多幅跨页平行展开的创意草图让泰勒和卢斯汀定夺。其中一幅突出表现荒原上孤立的一棵树，标题说："其实，吉他最简单的形式，就是一个木制的空盒，如何填满它，全在于您自己。"泰勒和卢斯汀都喜欢这幅。这个提案获得了认可，余下的就成了历史。

"识别率简直惊人,"里克·费根说,"自从广告发布以后,再没人提出过名称问题,销量也提高了。"

泰勒吉他广告也给维特罗－罗伯逊公司带来了很高的评价。广告活动获得了国家级大奖,并且受到了《广告时代》和《广告周刊》的好评。美国杂志出版商协会(Magazine Publishers of America)将泰勒公司的"失落的东西"印刷广告系列评为凯利奖(Kelly Awards)的冠军,不仅如此,当他们邀请纽约曼德尔鲍姆·穆尼·阿什利广告公司(Mandelbaum Mooney Ashley)的首席执行官肯·曼德尔鲍姆在"但愿这幅广告是我做的"活动中挑选一幅中意的广告时,他挑选了维特罗－罗伯逊公司为泰勒吉他创作的这幅广告。[1]

创意小组：广告的创作者与编码者

在营销传播过程当中,信源将讯息编码,然后通过一定的渠道传递给接收者,再由接收者将讯息解码还原。信源是多元的,由出资人、作者和表示符号共同构成。在广告中,讯息的编码——思维转换成符号标志——是创意小组的职责。客户是广告的出资人,而创意小组则是广告的创作者。

创意小组中的每个成员都扮演着一个基本角色：小组中的**文案人员**(copywriter)负责构思文字讯息,即广告中角色所说的话(文字)。文案通常与负责讯息非文字部分(即设计)的**美术总监**(art director)配合,而这些非文字讯息则决定着广告的视觉形象和直观感受。他们两者在**创意总监**(creative director)的指导下展开工作,创意总监往往是由以前的文案人员或美术总监提升上来的,负责创意产品(即广告的最终形式)的最终完成。作为一个团队,创作部的人通常被统称为**创意人员**(creatives),无论其专司何职。

在泰勒吉他广告一案中,我们看到了创意小组的品位、才能和设计技巧如何决定着广告的整体特征和沟通能力。

本章将重点探讨创意过程：创意从何而来? 如何设计创意? 创意与企

业的营销战略和广告战略之间有何关系？但要想对创意有一个正确的认识，我们首先就必须弄清杰出的广告具有什么特征，它是什么样子，以及它从何而来？

什么造就了
杰出的广告

我们都见过自己喜欢的广告，也见过自己讨厌的广告（恐怕后者更多）。我们喜欢的，我们就叫它"杰出的"。在此，我们不必说如何称呼另一类，因为我们现在只关心"杰出的"。但是，在我们说"杰出的"时，究竟意味着什么呢？

如果我们看一看历史上的一些经典广告，也许可以从中找到一些线索：大众汽车的"想想小的"篇；戴比尔斯的"钻石恒久远，一颗永留传"篇；克莱罗尔（Clairol）的"她干没干？"篇；汉堡王（Burger King）的"走你自己的路"篇；美国海军陆战队的"尽情发展"篇；以及可口可乐的"真

杰出的广告应该非常引人注目、令人叹服或者令人信服，能给受众留下产品或服务的长久印象。广告主一般以一个标题或图片作为广告的开端，迅速抓住受众并与他们产生共鸣。20多年来，《滚石杂志》（Rolling Stone，www. rollingstone.com）创作的广告一直都令人难忘。这条广告中是在乔治·哈里森（George Harrison）去世之前发布的，广告采用了《滚石》杂志过去的封面来强调对自己的标志性音乐家——披头士——的报道，并对约翰·列侬（John Lennon）的去世表示敬意。

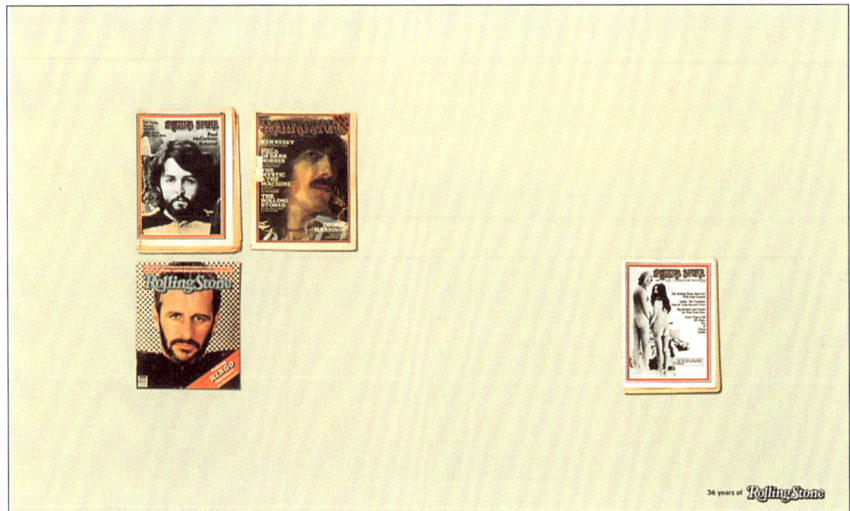

36 years of *Rolling Stone*

东西"篇。这些广告具有什么共同之处，为什么大家都普遍认为它们是杰出的广告？

这是一个非常重要的问题，最近的广告调查显示，"广告好感"对"广告的成功"有着极大的影响。因此，毋庸置疑，广告公司愿意创作、广告主也愿意出资制作人们喜爱的广告。但是，"好感"是否就是"杰出"广告的唯一条件呢？

无论"这条广告"是一幅海报、是杂志中的一页、是电视或广播中插播的一节，还是电脑中的一个热门新网站，杰出广告都具有某些特定的共性，我们在此将这些特征大致归纳为两大类：受众共鸣和战略关联性。[2]

受众共鸣　共鸣指回响、回荡或振动，也指回音、呼应或和谐。其实，这就是杰出广告与其受众之间关系的写照。广告拨动他们的心弦，在他们的耳中回响，在他们脑海里回荡，引起他们的共鸣。

为什么？因为"轰动"因素。

当炮声轰鸣时，它会立刻引起你的注意，广告也一样，就因为其中有让你惊讶的"啊、哦、哟……"这些元素。但在广告中，这些元素不仅会让你注意，还会让你展开想象的翅膀。从这个意义上讲，广告就像一件伟大的艺术品，让你在它面前驻足留连，琢磨它的讯息。实际上，广告本身告诉你的东西远不如你自己想象出来的多。

看看泰勒吉他广告，将木盒的形象与乐器相提并论：它们都是用木头做的，所以它们是相同的。但是，它们又那么不一样！我们的直觉告诉我们这是事实，于是我们开始琢磨。更为重要的是，我们将这个问题的深刻性与提出这个问题的企业联系在了一起。我们喜欢这条广告，我们为此而每条广告都应力求达到"轰动"效果，这是广告在读者或观众心中产生直接而长久印象的基本素质。凭借着泰勒吉他的系列广告，维特罗－罗伯逊广告公司赢得了同行和竞争对手的尊敬和羡慕。

看重泰勒吉他。广告引起了共鸣。

其他广告也可能由于其他原因而引起受众的共鸣，例如我们前面提到过的一些经典案例，它们只用标题就可以引起共鸣，而且极为普遍，以致成了我们日常生活中心照不宣的话语。我们记忆中其他一些令人难忘的经典广告还包括加州牛奶加工者协会（California Milk Processors）的"来点牛奶？"篇和百威啤酒（Budweiser）的"怎么啦？"篇。

让我们想一想消费者动机。被动生成动机——诸如回避问题和解决问题——为许多杰出广告提供了创作的基础。这些广告或因为其高度的**信息性**（informational），或因为解决了受众的某些现实问题或假想问题而引起了他们的共鸣（如联邦快运的"绝对，次日即达"）。另一些动机属主动生成动机，消费者主动寻求感觉上的满足、智力上的刺激或社会针对人们回避问题、解决问题的愿望进行诉求，这种广告以被动生成动机为基础。加州健康部（California Department of Health）的这条广告劝阻人们吸烟。广告上，一名典型的万宝路牛仔嘴里衔着一支疲软香烟，暗示吸烟会导致阳痿。文案模仿香烟包装上的标准警告标志，强化了广告中的视觉含义。

WARNING: SMOKING CAUSES IMPOTENCE

认同。在这一方面，广告可以借助其**转换性**（transformational），利用受众的主动性肯定给他们提供回报（如"尽情发展"），从而达到"杰出"的效果。

　　然而，大多数广告，信息性的也好、转换性的也罢，均未能引起受众的共鸣。为什么会这样呢？这也许是因为它们缺乏"大创意"，或许是因为在实施上有误，也许是因为文案让人无动于衷，也许是因为画面不够吸引人，也许是因为制作技术质量太差。反正从消费者的角度看，这些广告简直是在浪费时间。

　　从广告主的角度看，不能引起共鸣的广告是对他们金钱的极大浪费。事实上，对他们来讲，广告之所以杰出，就在于其"物有所值"。好广告使出资人投入的一分一厘都具有更多的广告效果。明白了这一点，再来看竟有那么多资金都被投在了平庸的广告上，岂不觉得滑稽？

广告的关联性　　杰出广告的第二点是其战略关联性。某条广告也许会让你琢磨，但它让你琢磨什么？在这方面的典型案例便是阿尔卡－塞尔策（Alka-Seltzer）的老广告"我简直无法相信我把整个全吃了"篇。这条广告引起了每个人的想象，但却加强了错误的感觉，使受众对问题本身（暴饮暴食）而非解决问题的方法（阿尔卡－塞尔策）感觉更明显。于是，广告公司失去了这位客户。

正文和图形传递着广告讯息，但在创意小组所选的基调、文字和创意的背后，却是广告战略在起着指挥方向的作用。完成后的广告必须与广告主的战略相关联，否则注定会失败——即使它能引起受众的共鸣。换句话说，它也许是了不起的娱乐作品，但绝不是杰出的广告。杰出的广告必然要完成某个战略任务。事实上，战略是产生杰出创意作品的根基。

制定广告战略：杰出创意的关键

让我们再回过头来看看维特罗和罗伯逊为泰勒吉他公司制定的广告战略（或创意战略），然后再审视他们又是如何将广告战略转换成讯息战略、大创意，直至最终有效广告的。

广告战略包含四大元素：目标受众、产品概念、传播媒介和广告讯息。

泰勒吉他的**目标受众**（target audience）是谁？泰勒的目标受众包括经销商、消费者和影响中心。经销商（或零售商）是泰勒的主要市场，公司向他们出售吉他，因此肯定希望这批人能看到广告。由于泰勒吉他完全选用最高级的材料手工制作而成，因而其售价非常高。同时，泰勒的主要目标受众还包括零售商的部分顾客——那些注重吉他音质、并愿意花2 000~5 000美元购买高级乐器的吉他爱好者。专业吉他演奏家一般不通过正常分销渠道购买吉他，因此没有必要将他们列入目标市场。然而，他们却可以发挥影响中心（或叫重要影响因素）的作用，因此，他们可以作为广告的二级目标受众。

　　泰勒吉他的产品概念是什么？泰勒原声吉他是用世界上目前所能找到的最好的木料、经手工制作的顶级乐器，其设计和制作均与其他吉他不同，体现出了泰勒吉他在音质上的独特性和卓越性——音域宽广，深受顾客喜爱。也就是说，泰勒吉他身上具备一些使之更具价值的独特之处。

　　泰勒运用什么**传播媒介**（communications media）？公司的预算有限，利用的媒介也有限，因此他们选择了针对吉他爱好者这块细分市场的消费者杂志作为自己的广告媒介。这类杂志的还原效果非常好，可以彩色印刷，其读者对象既有同行业者，也有专业音乐家。公司制作了高质量的样宣和价目表，详细介绍了乐器的特点与构造。

　　泰勒吉他的**广告讯息**（advertising message）是什么？用最简单的话说，讯息战略取决于一家企业想说些什么，打算如何去说。虽然泰勒吉他的品质在业内广为人知，但广大的吉他消费者对此毫不知晓。因此，广告的目标（或讯息目标）就是要让潜在顾客在购买吉他时能指定要泰勒吉他。而要做到这一点，广告就必须散发出一种高品质的气息。为此，广告公司创意小组选择了一个简洁而富有创意的、欢快的、可信的，最重要的是，富有特色的讯息战略。

　　广告公司与客户必须在创作活动开始之前，就对广告战略的四大要素——目标、产品、媒介和讯息——有充分的了解并在这几方面达成一致。在绝大多数广告公司里，客户部负责制定广告战略。在有些大广告公司，客户策划人会花大量的时间调研市场，然后，依据客户部提供的资料，并在他们的认可下准备广告战略。在广告战略制定完成之后，客户部便写出一份创意纲要，将广告战略传达给创作部。

撰写创意纲要
（文案框架）

在整体广告目标与战略明确之后，客户经理（或客户策划人员）写出预定广告战略的简要说明。**创意纲要**（creative brief）指导创意小组撰写与制作广告。在某些公司，创意纲要也被称为文案框架（copy platform）、工作计划（work plan）或文案 / 创意战略文本（copy/creative strategy document）。不管名称如何，创意纲要就是对广告制作过程中必须考虑的一些重要问题的简单书面说明。这些问题涉及到：谁、为什么、是什么、在哪里以及什么时候。

- 谁？从行为学、地理学、人口统计学、消费心理学的角度来看，谁是潜在消费者，他们有什么典型个性？

- 为什么？消费者是否具有广告可以针对的特殊需要和欲望？广告主一般采用两大类诉求。**理性诉求**（rational appeal）针对消费者对产品或服务的实用性和功能性需要；**感性诉求**（emotional appeal）针对消费者的心理、社会或象征性需要。关于具体的诉求样本，请见图表 1-1。

- 是什么？产品是否具备能满足消费者需要的特性？有哪些因素可以支持产品的承诺？产品是如何定位的？可以或已经为产品或企业创造了什么样的个性或形象？有哪些感知上的优势值得宣扬？有哪些弱点必须处理？

- 何时、何处传播这些讯息？通过什么媒介？在什么时候、什么地区？

- 最后，广告活动将采用什么风格？什么手法？什么基调？文案要说些什么？

创意纲要必须说明准备向消费者展示产品的什么利益，但不涉及实施上的问题，如何表现这些利益则是创意小组的工作。

图表 1-1

广告诉求精选

手 法 需 要	精选的广告诉求		
	理 性	感 性	
自我实现	更多的休闲机会 经营或使用中的成效	雄心壮志 免除体力劳动 好奇 愉悦	反应的快乐 简洁 体育活动／游戏
尊 重	品质可靠 性能可靠 提高收入 选择余地	个人外貌的骄傲 拥有某件物品的骄傲	款式/漂亮 品位
社 会	清洁卫生 购买时的实惠	合作 对他人的忠诚 内疚 幽默 家庭舒适	浪漫 性吸引 社会成就 社会认可 对他人的同情
安 全	耐久性 对他人的保护 安全	恐惧 健康	保障
生 理	休息或睡眠	胃口	个人舒适

　　宝洁公司和李奥·贝纳广告公司采用一种简明创意纲要，由三个部分组成：[3]

1. 目标说明：具体、简洁地描述广告打算达到什么目的或要解决什么问题。目标说明还包括产品／服务的品牌名称和简要、具体的目标消费者描述，例如：

　　　　广告将使要求很高的吉他演奏者相信泰勒吉他是一种独特的、高品质的乐器，并劝服他们在下次购买原声吉他时考虑选购泰勒吉他。

2. 支持性说明：对支持产品承诺的证据进行简要说明，也就是利益的原由。例如：

> 支持证据是：泰勒吉他由目前所能找到的最好的木材手工制作而成，可以保证乐器发出与众不同的甜美音色。

3. 基调或品牌特点说明：对广告基调或品牌长远特点进行简要说明。基调说明是对广告战略的短期感性描述；品牌特点说明则是对品牌持久价值——赋予产品品牌资产的东西——的描述。基调说明可以是这样：

> 泰勒吉他广告的基调应该传递出漂亮、优质、精良、价值，再加一丝自然的幽默。

当然，品牌特点说明还可能是这样：

> 泰勒吉他——由最好的材料手工制成，发出最甜美的声音。

将创意纲要送至创作部意味着广告战略制定阶段的结束，但同时又标志着下一环节——广告创意过程——的开始。在这个环节，创意小组要制定出讯息战略，并开始寻找大创意。在写出第一条广告之后，文案应该对照一下文案框架，看看广告是否与框架丝丝相扣，如果不是，就要推翻重来。

讯息战略要素　创意小组负责为广告活动挖掘创意构思，并实施这些构思。在客户部提供的信息（已写入创意纲要）和其他调研结果的基础上，创意小组制定出讯息战略。其时间可在寻找大创意的前、后或中。

讯息战略（message strategy 或 rationale）对广告活动的整体创意手段进行简单描述和说明：广告要说些什么？如何去说？为什么要这样说？讯息战略由三部分组成：

- **文字部分**（verbal）。指明广告要说些什么，影响措辞选择的因素有什么？文案表现手法与传递讯息的媒介类型之间是什么关系？
- **非文字部分**（nonverbal）。说明广告图案的整体特性，广告必须使用的视觉形式以及图案与媒介之间的关系。
- **技巧**（technical）。所选的实施手段与配置结果，包括预算与排期限制（往往由相关媒介掌握）和其他**规定**（mandatory）——一条广告的具体要求，诸如地址、标志、广告语等等。

由于所有这些因素都交织在一起，因此它们往往也同时发展变化，语言影响图像，反之亦然。不过，许多广告活动都从文字要素入手。

讯息战略有助于创意小组向客户经理推销广告构思或活动构想，也有

大力士鲁曼防盗门（Master Lum）是在广告中运用非文字表达的典范。在这类广告中，知名品牌完全可以凭借其名字或标志在消费者中的知名度而大获其利，无须再着一字。

助于客户经理向客户解释并维护创意作品。当然，讯息战略必须与创意纲要所列的广告战略保持一致，否则就有可能遭到拒绝。

在制定讯息战略的过程中，必须回答一些基本问题，如：市场如何细分？产品如何定位？谁是产品的最佳潜在消费者？目标受众与目标市场是否吻合？消费者可以获得的关键利益是什么？产品或企业目前的形象如何？产品的独特优势在哪里？[4] 在这个时候，调研数据显得尤为重要，调研会帮助创意小组回答上述问题。

创造如何强化广告的表现力

泰勒吉他公司在广告活动中对图像、文案甚至幽默的巧妙运用，充分体现了创造对广告的强化作用。但是，创造力（或者说创意过程）究竟是什么？创造力在广告中扮演着什么角色？创造力又从何而来？

什么是创造力

创造意味着产生、构想过去不曾有过的东西或观念。通常，**创造力**（creativity）就是将过去毫不相干的两件或更多的物体或观念组合成新的东西。正如伏尔泰所言，"独创就是明智而审慎的模仿"。

许多人认为创造力直接来源于人类本能，但正如我们在本章所看到的，创造过程其实是一个逐步实施的过程，完全可以通过学习来掌握，并用于产生新颖的创意。

创造力在广告中的作用

广告主往往出于某家广告公司的创意风格和原创声望而挑选该公司作为自己的广告代理。广告是否能完成告知、劝服和提示这些基本任务，创造在其中固然起着重要作用，但广告的"轰动"因素起着更为至关重要的作用。

国际广告必须打动特定国家的目标受众。在这条广告中，移动电话服务商英布拉特尔（Embratel, www. embratel.com ） 运用黑色幽默来宣传自己的优惠话费。该广告活动中的其他广告还运用了脱轨的火车和报废的飞机，而其广告语一成不变："如果您有很多事要解释，我们就有最优惠的话费。"这种冷幽默可能很受英国受众的欣赏，至少戛纳广告节的评委被逗乐了，本广告获得了银狮奖。

创造力有助于广告实现告知功能

广告是否能完成其告知的职责，很大程度上有赖于广告是否具有创造性。好的创意作品使广告更形象、更生动。众多研究人员相信，生动能吸引注意力、维持兴趣、启发消费者的思维。[5] 常见的做法是利用文字游戏和语言或视觉比喻，诸如"坚如磐石"、"飞越友好的天空"或"小心对待"。比喻用一个概念来描述另一个概念，有助于读者或观众了解产品。[6]

其他创意手法也可以提高广告的告知能力。广告文案和美工必须根据视觉讯息和文字讯息的社会含义对它们进行组合，这样，读者或观众才能轻松地理解由常用符号标志构成的广告。例如，广告中的艺术符号，诸如灯光、模特姿势、布景、服装款式等，均可以用非文字的手段向观众表明一条时装广告反映的是一次浪漫之旅还是一场体育比赛。[7]

创造力有助于广告实现劝服功能

古人创作了有关诸神和英雄的传奇与神话——人类本能及原始渴望与恐惧的象征——来影响人们的行为与思维。为了促使人们采取某一行为或态度，广告文案人员创作了新的神话与英雄，如绿巨人骄力（Jolly Green Giant）和劲量小子邦尼（Energizer Bunny）。一个创意故事或一个创意人物足以在大众心目中为产品树立一种独一无二的标志，这正是"创造力"有助于产品击败竞争对手的关键因素。[8]

创造力还有益于产品在消费者心目中保持较高的地位。例如，泰勒吉他广告就采用比喻手法，向人们表明泰勒公司的工艺师可以将一棵棵树精雕细刻成美妙的音乐。这种高超的表达形式给人们留下了更高层次的印象。当这种印象在市场中传播开时，产品的感知价值自然也就提高了。

广告要想有说服力，必须创造性地使用非文字讯息因素来强化文字讯息才行。美工掌握着对这些因素——色彩、布局和图像等——的运用，以便使广告更加生动。调查表明，印刷媒介中的信息性图表（彩色示意图、表格等）可以提高某些读者的认知质量。[9]艺术作品还可以刺激人们的情感。例如，色彩往往可以促使消费者依据自身的文化背景和个人经历采取行动（见广告实验室 1-A：色彩的心理作用）。

创造力有助于广告实现提示功能

设想一下，年复一年，一遍又一遍，你都用毫无变化、毫无创新的广告语，邀请人们尝试你的产品。你的邀请自然很快就会陈旧乏味，甚至更糟，

色彩的心理作用

民族的起源或文化会对人们的色彩偏好产生一定的影响。比方，暖色——红、黄和橘黄——大多表示刺激、兴奋，能引起积极的反应。显然，来自热带地区的人对暖色最敏感。某些色彩组合带有民族含义，如金色和红色总让人联想起中国；青绿色和灰棕色则让人联想起美洲西南部的印第安部落。

颜色可以透露出一个人在生活方式上的偏好，生动的基本色（红、蓝、黄）与白色条纹搭配表示果断，因而常用做运动员队服的颜色，因此，这类颜色与运动生活方式有关联。

我们经历四季的颜色常常指导着我们如何搭配颜色，如果某人用特定的季节色彩打扮自己或装饰自己的房屋，我们就可以从四季色彩来推断他的性情。例如，黄、绿、浅蓝象征着春天的颜色，代表着清新、充沛的个性；深蓝、深紫和黑色则象征着冬季的颜色，让人联想到冷漠、沉静的性格。

一觉醒来，我们总感到精力充沛，因而，我们常把早晨的色彩——翡翠绿、紫红和浅黄与朝气蓬勃联系在一起；一天的劳作之后，回到家，放松自己，此刻也正是夕阳西下、斑斓的色彩布满天空之际，因此，我们往往将夕阳西下时的颜色——桃红、青绿和橘红——与放松和沉思的气氛相联系。

有些颜色含义不太明确，例如：紫色和草绿色是介于暖色和冷色之间的交界色，根据色度的不同，它们既可以是冷色，又可以是暖色。

以下，让我们来看看几种具体的颜色：

红色

血与火的象征，是人们喜爱的第二种颜色（第一种为蓝色），适用范围更广，是最热烈的色彩，"行动商数"最高。适用于汤类、速冻食品和肉类，并传递出强烈的阳刚之气，因此常用于剃须膏的容器。

棕色

也是一种阳刚的颜色，与土地、森林、古朴、岁月、温暖、舒适相关。可用于任何物品，甚至化妆品。

黄色

吸引消费者目光的能力非常强，特别是与黑色搭配使用。最适用于谷类、柠檬或防晒护肤品。

绿色

健康与朝气的象征，常用于薄荷制品和软饮料（如七喜）。

蓝色

最冷的颜色，也是诉求最多的颜色；适用于速冻食品（冰的感觉）；如果用在轻薄的易拉罐上，则会产生"甜"的感觉（如 Lowenbrau 碑酒、Wondra 面粉）。

黑色

传递出精致、高端商品的信息，一般用于刺激人们对贵重物品的购买欲，用作背景色或与其他颜色的陪衬色效果较好。

橘黄

最好"吃"的一种颜色，尤其是在棕色调中，使人联想起秋天或好吃的东西。

实验室应用

从本书中找一幅含两种以上颜色的广告或包装，说明其中颜色给你的感觉和气氛。

让人厌烦！只有创造力才会使你乏味的邀请脱胎换骨，变成有趣的、耐人寻味的广告，耐克广告便是明证。纵观耐克的广告活动，他们的广告没有几条提到过公司的名称，甚至根本不在屏幕上打出公司的名称。耐克的广告只讲述一个个的故事，在屏幕上唯一可以找到的广告主线索就是那个单纯的、在最后一闪而过的拉长了的"钩"。耐克的发言人说，耐克广告不必去冒"长篇大论"的风险，因为"耐克的标志已经够出名的了"。[10] 我们每天都受到创意广告——软饮料的、小吃的、麦片的等等——的款待，它们的基本任务其实很简单，就是提醒我们放任自己一次，又一次……

创造为广告增添"轰动"效应

成功的笑话都具备"轰动"因素——包袱。就在包袱出现的这一瞬间，玩笑中的俏皮话达到高潮或包袱打开，而受众又恰好突然领会其中的含义，在大笑中产生共鸣。

好的包袱就是拾取日常生活中的情景，以创造性的眼光审视它，添加一些夸张的元素，然后再传递给受众，让对方吃惊。杰出的广告在这方面常常如出一辙。

当一群朋友一边"喝着百威看球赛"，一边彼此用口齿不清、外加夸张的"怎么啦？"（Whassup）来打招呼时，受众完全没有防备，于是哄堂大笑！

后来，位于芝加哥的 DDB 环球广告公司在后续广告"什么事"（Wasabi）、"你在干什么"（What are you doing）以及"过得如何"（How you doin）等篇中对这个概念进行了扩展，每一条都幽默地突出美国某一亚文化的明显痕迹，着力表现"人就是人"。该广告活动非常成功，不仅"Whassup？！"很快风靡开来，变成了人们的流行语，而且创作该广告的 DDB 环球公司也因为自己的创意而获得了诸多奖项。在法国戛纳国际广告节上，DDB 赢得了闻名于世的 Grand Prix 奖。

　　当然，广告的轰动不一定非要那么好笑。也许，对某个机巧的突然领会就可以达到这个效果，如像泰勒吉他那样；或者，像贺曼卡广告那样，轻轻地触动人们的情感；或者，像林地（Timberland）鞋广告那样，以美得让人窒息的自然风光打动人心。也许，在企业对企业广告中，对新科技提高生产力的突然醒悟也可以取得轰动的效果。总而言之，产生轰动的因素有很多，但都需要运用"创造力"。

认识创造性思维

有些人会比另一些人表现出更多的创造性思维，但我们每个人其实都具备创造力。经过几百万年的发展，人类的创造力使我们的祖先得以生存下来。如果没有创造力，我们人类就无法发现如何利用火、如何驯养动物、灌溉农田和制作工具。作为单独的个体，我们无时无刻不是凭借着自己天生的创造力选择服装、设计发型、编造借口、装饰房屋或烹调食物。

有时，大创意完全是出自偶然，就像《卡萨》（*Casa*）杂志的这条广告。该广告采用的是价值型表现手法，与其核心内容——家庭装饰正好吻合。该广告获得了戛纳广告节铜狮奖。

思维方式

　　20 世纪初，德国社会学家马克斯·韦伯（Max Weber）提出，人类有两种思维方式：一种是客观的、理智的、以事实为依据的；另一种是定性的、本能的、以价值为依据的。例如，为参加考试而学习，我们会用以事实为基础、理性的思维方式；与此相反，如果我们要买一辆车，我们就会调动品位、直觉和其他常识，比照其价格对车的特性、款式设计和性能做出定性价值判断。

20 世纪 50 年代后期，聚合思维学说和分散思维学说阐述了人如何通过缩小或扩大自己的观念归属来处理众多的想法。[11] 到 70 年代后期，研究人员发现人的左脑半球控制着人的逻辑思维，而右脑半球则控制着人的直觉思维。80 年代，社会科学家艾伦·哈里森（Allen Harrison）和罗伯特·布拉姆森（Robert Bramson）又提出了思维的五种类型：综合型、理论型、实用型、分析型和唯实论型。他们指出，分析型和唯实论型符合韦伯的事实依据类；综合型和理论型符合价值类。[12]

罗杰·冯·奥克（Roger von Oech）将这种二分法定义为硬思维与软思维。硬思维指逻辑、推理、精确、连贯、工作、事实、分析和具体证明等这些概念；软思维则指一些更抽象的概念：如象征、梦想、幽默、含糊、游戏、幻想、预感等。对于硬思维，事情就是是与非、黑与白；而对于软思维，就可能存在多种正确答案，多种过渡色。[13]

也是在 20 世纪 80 年代，亚历山德拉（Alessandra）、卡思卡特（Cathcart）和韦克斯勒（Wexler）创立了他们的思维模式，其特点是建立在武断与敏感因素基础上的四种个性与关系行为（关联者、社会参与者、指导者和思考者）。[14] 关联者和社会参与者表现出价值型特点；指导者和思考者则表现出事实型特点。

事实型思维与价值型思维

多数思维学说将思维方式分为两大类：价值型和事实型。下面，让我们来仔细看一看这些思维方式。

这条略显荒诞的广告并没有将重心放在百事可乐的卡路里含量或良好品位上，而是借助非常严谨的价值型思维进行设计，目的是给受众提供娱乐，打造品牌个性与价值。

梗概：在一间空荡荡的娱乐室，放着一张足球游戏桌，里面的队员都是些无生命的玩具，对抗的两队是曼联和尤文图斯。忽然，他们活了，开始了紧张的足球赛。在球桌的边沿放着一瓶百事可乐。

戴维·贝克汉姆（曼联）：你和我想的一样？

埃德加·戴维斯（尤文图斯）：赢了的拿走百事？

戴维·贝克汉姆：对。

画面：游戏开始。约克（曼联）弹跳，将球踢过百事瓶进入百事网。

约克：进了！

尤文图斯队员：你作弊。

画面：两个男孩进入已经归于安静的娱乐室。

男孩 1：在这儿。

画面：男孩抓起百事，喝了一口。他们准备离开这个房间。

罗伊·基恩（曼联）：嘿！回来！那是我们赢的！

男孩 2：你听到什么了吗？

球员的声音：嘿！哥儿们！那是我们的百事！

男孩 1：不。

画面：两个男孩离开了房间。

球员（嘟囔）：傻爪。

叠：（百事标志）渴望无限。

倾向于**事实型思维**（fact-based thinking）方式的人喜欢把观念分解成细小的组成部分，然后对背景进行分析，发现最佳的解决方案。虽然事实型思维的人也可能具有创造性，但他们往往倾向于线型思维，喜欢事实与数字——硬信息，因为他们能分析和掌握这类信息。他们不太习惯模棱两可的东西，而习惯于逻辑、结构和效率。[15]

相反，**价值型思维**（value-based thinking）方式的人依据直觉、价值观和道德观来做出决定。他们更善于接纳变化、矛盾和冲突。这种思维方式基本上依赖于各种观念的融合。例如，价值型思维方式的人总想把一组不同的观点融为一体，彼此发挥各自的优势。他们善于运用想象来形成新的观点，也善于综合运用现有概念，创造新鲜事物。[16]

思维方式对创造力的影响

如果创意小组倾向于价值型思维方式，他们创作出的广告就可能类似于泰勒吉他和耐克的广告——轻柔、微妙、自然、象征。如果客户也喜欢这种思维方式的话，那就再好不过了。

然而，喜欢事实型思维方式的客户往往会寻找那些以简洁、直接的布局，理性的诉求和大量数据为特点，能制作出实际而坦率的广告作品的广告公司。事实上，对这类客户来讲，价值型思维的广告反倒可能会使他们感到不安。

例如，盛世公司为惠普激光打印机创作的广告就在公司内部引起了不小的震动。广告模仿了一场采访，由演员扮演的顾客备受折磨，大谈他们如何没有时间去顾及他们的打印机。阿琳·金是惠普公司的一名营销传播经理，她汇报说："惠普公司内部的一些人对广告的指向感到有点不舒服，因为我们是一家高科技公司，但广告却没有突出一点技术。"[17]

创意小组必须了解广告的目标受众，在某些细分市场（如高科技市场），顾客有可能倾向于一种思维方式，凭这一点就可以决定采取什么手段。

在下一节我们将会看到，最优秀的美术指导和文案人员一般都会运用两种思维方式来完成他们的工作。在进行创作时，他们必须运用自己的想象力（价值型思维），构想出不同的观念；而在选择最佳创意、最终完成作品时，他们通常又会采用事实型思维方式。

创意过程　创意过程（creative process）是一个发现独特观念并将现有概念以新的方式
重新加以组合的循序渐进的过程。遵循创意过程，人们便可以提高自己发
掘潜能、交叉联想和选取优秀创意的能力。

　　新一代广告创意人将面对一个日益复杂的世界。在他们协助自己的客户
与高度细分化的目标市场建立关系的过程中，他们必须应付整合营销传播中
的诸多挑战，他们必须了解影响广告的大量新技术（如计算机硬件、软件、
电子网络、高清晰度电视等），他们还必须学会如何针对新兴的国际市场做
广告。要做到这些，他们需要一个能简便地处理众多不同环境的模式。

　　几十年来，人们提出了不少有关创意过程的见解，虽然大致相同，但
每种形式又各有其突出之处。1986 年，罗杰·冯·奥克提出了一种四步创
意模式，这是当今许多跻身《财富》100 强的公司所采用的模式，这种模
式为事实型思维方式和价值型思维方式的人都提供了同样的灵活性。按照
他的模式，每个美工和文案人员在创意过程的不同阶段都在身体力行地扮
演着不同的角色：探险家、艺术家、裁判和战士。[18]

　1. 探险家——探寻新信息，关注不寻常的模式。

　2. 艺术家——试验并实施各种不同的方法，寻找独特创意。

　3. 裁判——评估实验结果并判断哪种方法最实用。

　4. 战士——战胜借口、创意杀手、挫折和困难，实现创意构思。

探险家的作用：　正因为创作广告讯息——编码过程——是一项极富挑战性的工作，才使得
　　收集信息　文案和美术指导这两个职业如此兴旺发达。但首先，他们需要构思创意的

素材：事实、经验、史料、常识、感觉等。

在扮演**探险家**（explorer）这个角色时，创意人员一般从分析自己所掌握的信息入手，他们仔细审核创意纲要和营销、广告计划，研究市场、产品和竞争状态，还可能从客户部或客户方面（如销售经理、营销经理、产品经理和调研经理）寻求其他信息资料。

当年维特罗和罗伯逊开始为泰勒吉他服务时，他们首先便扮演了探险家的角色。他们与人谈论该公司的性质、该公司的产品、营销业绩、竞争对手以及竞争对手的广告风格，他们还调阅了全部适用于原声吉他的广告资料，研究了该企业的营销环境。

开阔思路　在广告天地中，在创意人员扮演探险家这个角色时，他们要另辟蹊径，去新的、不寻常的地方寻找信息，以便发现新的创意并找出不寻常的模式。维特罗和罗伯逊或许当年真的置身野外，目的仅仅是为了替泰勒吉他发现新构思的火花；或许他们还打开过一本关于国家公园的书籍，去体验同样的灵感闪现。

冯·奥克建议"开阔思路"（一种积极的看法，认为好信息是存在的，并且人人具备发掘和使用好信息的技巧），也就是要敞开胸怀，接受外部世界的新知识。创意无处不在：参观一座博物馆、一座艺术馆、一家五金商店、一个机场。思路越宽，发现原创构思的机会就越大。

了解目标　人们如果清楚自己在找什么，那么就会有更多的机会找到它。现在请想一下蓝色，然后看看你的周围，你会发现蓝色突然就在你眼前。但是，如果你不想去寻找蓝色，那么你可能根本就不会注意到蓝色。

广告既可以通过事实型手法，也可以通过价值型手法向决策者展开诉求。日食航空（Eclipse Aviation，www.eclipseaviation.com）的这条广告希望凭借插图的魅力来抓住读者的眼球，从而向价值型思维者展开诉求。

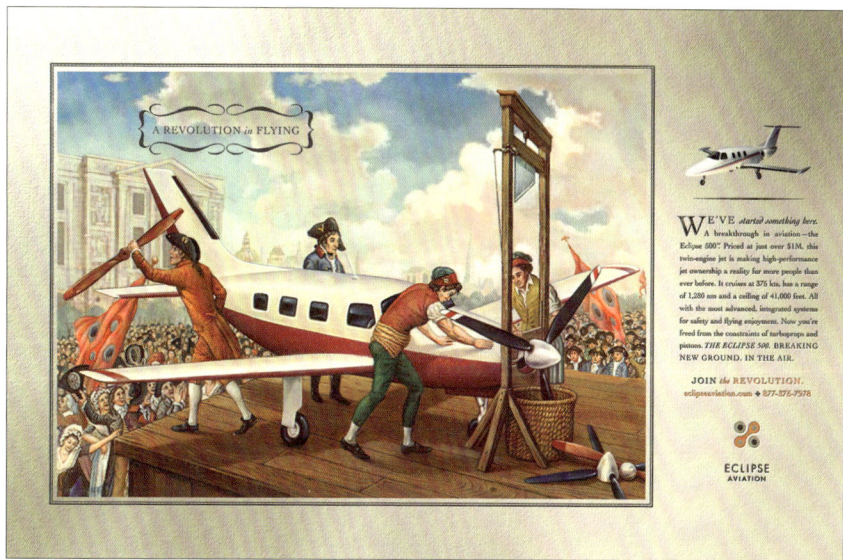

哲学家约翰·杜威说过："问题说清楚了就等于解决了一半。"这就是创意纲要为什么如此重要的原因，它有助于创意人员明确自己想要寻找的东西。在探险阶段，创意人员一般从制定讯息战略开始，因为讯息战略同样有助于他们明确自己的目标。

为了让自己的创意之泉流淌不竭，绝大多数文案人员和美术指导都保存着大量印有获奖广告的书籍和商业杂志，不少人还存有一大堆自己喜爱的广告备忘录（或提示簿）。这些或许能启发他们的思路。

头脑风暴　作为探险家的文案人员和美术指导首先要挖掘大量的创意，其中，他们所用的方法之一是**头脑风暴法**（brainstorming，即集思广益，中国的港台地区译为"头脑风暴"，更具广告色彩，在业内也形成固定概念，故在此沿用港台译法。——译者注）。头脑风暴法由 BBDO 广告公司的亚历克斯·奥斯本（Alex Osborn）于 1939 年首创，指两个或更多的人聚在一起构思创意的一个过程。头脑风暴讨论会往往是灵感喷涌的源泉，但如果想成功地运用这种方法，还必须遵循几条原则：不得批评任何创意（即没有任何创意是"错"的）；所有创意都记录在案，以备将来参考，其目的是把所有灵感都记载下来。用心理学家的话来说，这是一个自由联想过程，应该给每个新创意一个启发别人的机会。

冯·奥克还建议探险家们使用一些其他技巧，诸如：离开自己的专业领域（观察外部世界或其他行业，借他山之石）；改变视点（注意不同信息）；纵观全局（置身局外，看得更清楚、更全面）；不要熟视无睹（最好的创意就在眼前）；不怕迷路（也许会有意外的发现）；将承诺移植到新的领域（将所有新创意都记录下来，以备忘记）。

探险家的任务就是为下一个环节——艺术家——找到可用的新信息。如果想使自己的工作卓有成效，你们就必须灵活、勇敢和开放。[19]

艺术家的作用：构思并完成大创意

创意过程的下一步就是扮演艺术家。**艺术家**（artist）这个角色最艰苦、时间最长，但也最有收获。艺术家必须完成两项重要任务：寻找大创意，完成大创意。

任务 1：寻找大创意

艺术家的第一项任务是一项长期而又艰巨的工作，即仔细检查自己当探险家时收集来的所有相关信息，分析问题，寻找关键的文字或视觉概念来传达需要说明的内容。也就是说，要在撰写文案或设计美术作品之前，先在大脑中形成广告的大致模样。

这一环节又叫**形象化**（visualization）或**概念化**（conceptualization），是广告创作中最重要的一步，也是寻找大创意的关键，是灵光一现的环节。**大创意**（big idea）是建立在战略之上的大胆而又富于首创精神的创意，以一种别开生面的方式将产品利益与消费者的欲望结合起来，为广告表现对象注入生命活力，使读者或听众情不自禁地驻足观看和收听。[20]

那么，战略与大创意之间的区别又在哪里呢？战略指明讯息应该选择的方向；大创意则赋予战略生命。就拿我们前面讲过的泰勒吉他广告活动来说，其创意纲要就包含了一个战略性品牌特征说明：

泰勒吉他——由最好的材料手工制作，发出最甜美的音色。

维特罗和罗伯逊也许把这段战略说明当过广告标题。但如果是针对音乐家的广告，这就显得太枯燥乏味了，它缺乏大创意标题所能传递的讯息：引发兴趣、便于记忆，有时还会产生戏剧效果的多重含义。请注意下面维特罗和罗伯逊为传递相同的战略设想而挑选的这个较长但却充满机智、令人振奋而又略带诗意的标题：

在一双手中，一块木材可以变成客厅的咖啡桌。
在另一双手中，一块木材可以变成声色最甜美的吉他。
专为不打算弹奏咖啡桌的人而设计。

约翰·奥图尔（John O'Toole）说："战略要求推论，而大创意则要求灵感。"[21] 广告中的大创意要素几乎永恒不变，都是由美术与文案组合而成，大多数广告都会利用某个字眼或句子使正文与形象产生联系，就像泰勒吉他广告的"木"（英文中"木"一词的复数形式 woods，又可理解为森林。——译者注）一样。试想，假如没有背景中那些树的美丽身影，光秃秃的版面上只有标题和正文，这幅广告会是什么样子？当然，这可能会节省一大笔资金，但因为轰动因素减少了，阅读率自然会降低，损失将会更多。

改变思路，构思再精雕细琢

创意来自对素材的运用与改造。冯·奥克指出，在我们扮演艺术家时，我们必须把我们扮演探险家时收集的素材进行一番精雕细琢，才能使其产生价值。这就是说，必须多提问题，诸如：把这个加上会怎样？把那个拿开会怎样？反过来看会怎样？把它比喻成其他东西又会怎样？艺术家必须不断地改变花样，试验各种方法。

一开始，维特罗和罗伯逊只有两个概念："吉他"和"音乐"。看着

一些图像非常切题，无须任何文字即可一目了然。葛鲁伯罗特（Globetrotter）户外装备公司的这条广告就将巨型海豹舒服地蜷缩在自己皮下的状态与在露营睡袋中睡觉的状态联系到一起。两者看起来非常相似。这个精彩的创意在戛纳广告节上获得了铜狮奖。

吉他，他们注意到，吉他是用木材——特殊木料——制作的，由此，"木材"成为第三个概念。由木材，他们又联想到"树林"。真是有趣的想法。但现在，他们必须设法将这四个概念变成一个"大创意"。

在创意过程的阶段，出色的艺术家有许多改变事物的策略，冯·奥克推荐了几种处理创意的技巧：[22]

1. 调整。改变背景，想想除了显而易见的东西外，产品还有可能成为其他什么？康宝汤的一条广告表现了一碗热气腾腾的西红柿汤，醒目的标题写在碗下："健康保险。"

2. 想象。问"如果……将会怎样？"让你的想象插上翅膀，不要怕出格。如果人们能在睡眠中完成讨厌的工作会怎么样？如果动物在客厅中畅饮会怎么样？乔治镇的克莱德酒吧（Clyde）真的用了那条创意。广告表现了一头美丽的大象和一头漂亮的驴穿着西装，坐在桌旁互相敬酒，标题说："克莱德，人类的选择。"

3. 颠倒。从反面看待事物。有时，所期待结果的反面恰好具有很大的冲击力和记忆度。有家化妆品公司为其保湿润肤膏做的广告如是说："向你的丈夫介绍一位更年轻的女士"；而大众老爷车的广告则采用了这么一条标题："丑陋只是表面现象"。

4. 联系。把两个原本不相干的想法合并在一起，问问你自己：我的构思能和哪些创意产生联系吗？塔吉特公司（Target）的一条广告表现了一名高档时装模特的后背，只背着一个背包和灯罩，灯罩遮住了模特的身体中部，就像一件迷你衫。紧挨在标志旁边的广告词是"服装与家居"。为了鼓励人们索取目录介绍，加勒比皇家游轮公司的广告极为简单，一页目录封面，上面是简洁的标题："邮寄航海游"。

INTRODUCING V28
BATTERY TECHNOLOGY.

改造概念意味着要找到一种超越该概念表象的不同方式。美屋寄工具公司（Milwaukee Tools, www.milwaukeetool.com）的这条广告给普普通通的电源插座赋予了新的身份。它不再是单纯的电源插座，而具备了人的特质，它的孤独完全是由美屋寄新型电池电源技术一手造成的。

5. 比喻。用一个概念描述另一个概念。不知大家是否注意过银行家的谈吐就像水暖工：市场泛滥（flood the market）、洗钱（launder money）、流动资产（liquid asset）、现金流（cash flow）、破产（take a bath）、筹集贷款（float a loan, flood 原义为 "泛滥"、"洪水"，flow 原义为 "流动"，liquid 原义为 "液体的"，take a bath 原义为 "洗澡"，float 原义为 "浮动"。——译者注）。英语中充满了比喻，因为这有助于人们理解。杰克小丑公司（Jack in the Box）是这样给自己的洋葱圈做广告的——在路牌上画一个洋葱圈，然后请驾驶员 "来做钻圈表演"。刊登在一家高档杂志上的派克高级钢笔的广告更是一个纯粹的比喻："美妙绝伦，纯银出身，丝般流畅"。

6. 删节。抽掉部分东西，或打破常规。在广告制作中，墨守成规几乎不会有什么收获。例如，七喜就是因为宣传了它所不具备的因素（非可乐）而名声大噪，并且成功地将自己定位为可乐的替代品。大众汽车为了推介其新车型，曾采用了一系列幽默搞笑的广告，中间没有出现任何汽车的身影。在其中一条广告中，一条毛绒绒的狗耐心地坐在风扇前面，就像在做小狗喜欢在车里做的事情——从车窗探出头来享受微风轻拂，唯一的不同是在室内。

7. 滑稽模仿。开玩笑、逗乐、讲笑话——尤其是在压力之下。幽默的 "哈哈" 和创新发现的 "啊哈" 之间有着密切的关系。幽默展开了我们的思维，如果运用得当，便可能产生出色的广告。有家经典电台发布了一条报纸广告："小心轻放"。说到经典，美国飞乐公司（Fila）的电视广告 "异乎寻常、绝对的狂欢、绝对的酷" 篇表现一只螳螂脚穿飞乐慢跑鞋飞快地爬上叶梗，以逃避杀手般的配偶。这条广告因此而获得了《广告时代》的好评："稀奇古怪、极端有趣、超酷"。[23]

阻碍创造力的因素

人人都有过创意枯竭的经历,原因很多:信息超载、精神疲惫、身体疲劳、紧张、恐惧或缺乏安全感,但问题往往出在人们的思维方式上。

在探险阶段,在创作人员研究大量的营销数据时,有关销售和市场份额的情况和数字会使他们陷入事实型思维状态,但要想有效地进行创作,他们又必须改变方向,转换成价值型思维方式。

正如冯·奥克所言:"创造性思维要求你具有寻找创意并驾驭你的知识和经验的能力。"[24] 但遗憾的是,创意人员有时很难立刻做出思维上的改变。冯·奥克推荐了几种启发综合性思维的技巧,例如,寻找第二个正确答案(一个问题往往不止一个答案,第二个也许更具有创造性);寻找相互作用(电视人可以向教师学习许多东西,反之亦然);杀死圣牛(推倒权威);想象他人的做法(通过角色扮演的方式展开想象);嘲笑自己的

创意人员运用各种策略将创意演变成独特的广告表现形式,在这条广告中,美国大众公司将地板上毫不起眼的一小块破损与大众的标志性轿车甲壳虫联系到了一起。

模仿常被用来修饰概念，向受众传递幽默的诉求。在此，Axe 牌男士古龙水广告将一粒万艾可放在牡蛎上面，暗示自己的催情功能如何强大。

做法（拿自己正在做的事开玩笑）；推翻自己的观点（开放思路，发现自己以往忽略的东西）。[25]

飞跃伙伴公司（Leap Partnership）创意伙伴兼合伙人乔治·吉尔说："广告公司唯一剩下能卖给客户，而他们在别处又得不到的东西，就是创意。"[26] 创意障碍的确对广告公司有很大的危害。

当广告公司的人开始"像客户一样思维"时，尤其是当客户也是一个事实型思维方式的人时，创意障碍就可能出现。创意障碍还可能损害广告公司的创意声誉，是广告公司有时不得不因"创意差异"而放弃客户的一个原因。如果广告公司能提前对客户的企业文化、集体思维方式以及创意满意度进行判断，就自然能排除很多困惑，节省大量的时间和金钱。

创意疲软有时也会在广告公司为客户服务了很长时间、江郎才尽的情况下发生，还有可能在客户推翻了一连串构思的情况下发生。灵感不再出现，创意人员开始强迫自己，希望挤压出创意，这时，创意小组会突然发现自己思路僵化，无法产生创意的火花了。这种状态如果不断出现，唯一的解决途径就是：指定一个全新的创意小组，要么放弃这个客户。

酝酿创意：保持原样

创意人员发现，当大脑处在信息超载状态时，不妨把这个问题暂时搁置，去做一些别的事情，让麻木的大脑自然冷却下来，有时这的确是一种最好的解决办法。这种方法至少有几个好处：首先，它能让问题回到视角中，让大脑得到休息，让问题在潜意识中得到酝酿，让更好的创意浮上来。这时再回过头来重新开始，创意人员往往会找到一套全新的构思。

任务 2：
实现大创意

创意人员一旦抓住了大创意，下一步就要注意如何去实现这个大创意。当维特罗和罗伯逊突然想到"树林"，并把这个想法与"吉他"和"音乐"联系起来时，他们就不得不把这个概念转换成有形的广告。这正是广告的艺术元素发挥作用的地方——落实到具体的文字，设计准确的构图。为了真正了解广告创意人员如何进行创作，我们有必要首先了解广告中的艺术指什么，如何选择与运用艺术部件和工具，什么是好的艺术，什么是不好的艺术。

在广告中，艺术将讯息塑造成完整的传播形态，打动受众的心灵与感官，因此，如果**艺术方向**（art direction）是指广告视觉表现的操作行为与过程的话，那么，**艺术**（art）这个词实际就是指广告的整体表现——图像、文字和音效。例如，文字的选择要有艺术性，不仅要传播信息，还要激起人们对产品的好感。设计精巧的字体不仅会提高阅读率，还会制造某种氛围。如果创意人员能对广告形态进行精心安排——诸如用线条、边框或彩色将正文围起来，或把它们有机地连接起来，就能进一步强化广告信息。艺术

性是否具有诉求力

在最近的回忆里，这是公然运用性的一条广告：路牌上，一名年轻女郎身体前倾，双手各握着一只加油枪套筒，深深的乳沟扑面而来。广告标题说："这是黛比，她希望您的车上能有这么一对。"这是某汽车配件生产商的一条广告，但其暗含的意思却是：如果你购买这家生产厂家的汽车配件，你就可以得到黛比或类似于她这样的女郎。广告绝口不提性，但暗示比直说更能抓住观众的注意力。

广告主经常利用隐喻来暗示性，让观众自己随意去想象。但是，那些发布有伤风化的广告的广告主必然招致批评，而且他们也经常是在打法律的擦边球，在玩弄"淫秽"与"不雅"之间的法律界定。"淫秽"是违法的，将受到刑法的制裁，而"不雅"则不违法。如果被视为"淫秽"，至少要满足三个要件：挑起淫邪的念头；明显地令人讨厌；毫无社会的补救价值。

一般说来，绝大多数带性诉求的广告都虽然还未到"淫秽"的程度，但它们仍然可能被视为"不雅"。因为一条广告是否不雅，要视观众而定，如果有足够多的观众认为带有性倾向的东西不雅，那么"社会道德标准"就会反映出这种信念。在这种情形下，公民压力团体和媒体机构以及地方法院就会为巩固社会道德标准，不允许违背这些社会标准的广告面市。

让我们来看看A&F的广告。该公司的服装零售商在奥马哈的一家购物中心发布了一幅橱窗招贴，画面上，无上装模特用双手遮住自己的胸脯。招贴引起了广泛的争议。基督教团体"家庭第一"很快提出了抗议，宣称A&F的招贴是在让"性大行其道"。面对这些反对的意见，A&F的一位发言人说，他们的招贴可能有点"性感"，但并不是"家庭第一"团体所指控的那种"性欲的怪胎"。不过，社会标准早已反映出这种倾向。"家庭第一"团体开始对购物者和零售商施压，号召他们抵制这幅招贴，不出九天，橱窗陈列就换上了新的内容。

那么，这幅招贴到底是算淫秽，还是算不雅？像A&F这种坚持使用"性"诉求的广告主发现，现在越来越难以分辨什么叫"不道德地利用性"，什么叫"单纯的性诉求"。

对于这个困扰人们的问题，目前尚没有简单的解决办法，尤其是调查又发现，如果性与产品有关联，那么性诉求会产生效果。但是，如果不是这样，广告中的性表现就可能使观众偏离广告的主要讯息，严重地损害广告主在消费者心目中的地位。这导致了有关性导向广告的一个重要但又极其常见的悖论：橱窗广告中宣传服装的裸体模特应该怎么处理？许多人认为，这类广告不仅会使受众分心，而且还可能产生负面的**外部性**——对目标市场以外的社会伤害，如儿童，他们可能会受到间接的影响。

广告主必须根据当时的具体情况，逐个判断性诉求在什么程度上有可能有悖于道德，产生负面效果。曾经有这样一个案例，负责瓦尔沃琳公司（Valvoline）广告的一位主管为"半裸女郎日历"这种广告表现套路辩护，他指出："这种日历可能会冒犯部分群体，但这些人绝不是我们的客户。"

美乐淡啤的广告活动"激战"最近让一些人皱

起了眉头。该广告活动使这家企业又回到了"啤酒与辣妹"的老路上，将女性当成了性幻想的对象。广告中，两个女人在餐馆里展开了经典的关于美乐啤酒的"好味道"与"不涨肚"之间的争吵。争吵很快升级为全武行激战，两个女人打得只剩胸罩和内裤。扭打一直延续到旁边的喷泉池，很快，我们看着两个性感尤物跌进湿漉漉的水泥池。广告镜头切到一个酒吧，原来这场打斗只不过是两个男人在创作啤酒广告时的幻想而已。他们身边的女朋友则对这个创意感到惊讶和反感。

所有这些与买啤酒有什么关系？《广告时代》杂志啤酒栏目撰稿人希拉里·乔拉解释说，"激战"这类广告能够"激起渴望"。看过两个美女扭打30秒后，美乐啤酒希望男人们能说："嘿，如果我喝了美乐健力士的话，就能得到那种辣妹"；而女人们则幻想：如果我喝了这种啤酒，我也会变得那么性感撩人。

但这种不切实际的"渴望"会让社会付出怎样的代价呢？在这个社会，人们的自信心时而高涨时而低落，广告主为了销售更多的产品是否就可以利用人们的不安心理呢？广告主什么时候才能担负起一定的社会道德责任，为社会尽一点应尽的义务呢？

遗憾的是，关于性的激烈争论却可能使广告主得寸进尺，甚至变本加厉地使用粗俗的性诉求。"激战"广告活动引起了媒体的广泛关注：广播脱口秀节目、CNN的"交叉火力"节目、《今日美国》以及其他媒体都竞相报道。同样，《A&F季刊》目录广告中衣不遮体的模特也登上了美国各大媒体的头版头条。争议意味着宣传，宣传激起兴趣，而兴趣则刺激购买。

简而言之，性，以及围绕着这一话题的争论，就是卖点。如果这一点不改变，行业和政府的决策人就仍将面对治理性主题广告的重重困难。

问 题

1. 你如何解释广告中性诉求的"补救价值"？
2. 如果广告的直接目标受众认可广告中的性表现，那么，对间接目标（如儿童）有可能产生的某些影响，广告主应该负什么责任？广告主如何才能避免这类问题？

资料来源：Erin Cooksley, "Sex Sells, Ethics Absent from Advertising Industry," *The Daily Skiff*, February 11, 2004 (retrieved from www.skiff.tcu.edu/2004/spring/issues/02/11/sex.html); Florence Kennel, "Burgundy Ads Banned for Sexual Innuendo," January 23, 2004 (retrieved from www.decanter.com); "Does Sex Really Sell?" Adweek, October 17, 2005; Robynn Tysver, "Family Group Protests 'Sexualized' Ads at Stores in Lincoln Mall," *Omaha World-Herald*, February 12, 2003; Deborah Alexander, "Family Group Ends Protest after Shop Changes Displays," *Omaha World Herald*, February 21, 2003 (both retrieved from www.nexis.com); Rance Crain, "Relevance Is Operative Word in 'Catfight' or Chip-Dip Ads," Advertising Age, January 27, 2003; Basem Boshra, "Un, Can You Say Appallingly Sexist?" *Montreal Gazette*, February 1, 2003 (retrieved from www.nexis.com); Julie Dunn, "The Light Stuff. Coors Loves the Young Male Demographic—and Twins!" *Denver Westword*, January 23, 2003 (retrieved from www.nexis.com); Tom Daykin, "Miller Gets Down and Dirty with Lite Ad; Reaction Mixed, but Commercial Is Being Noticed," *Milwaukee Journal Sentinel*, January 26, 2003 (retrieved from www.nexis.com).

还可以塑造图片和插图的风格。例如，要表现一种亲密的风格，可以采用柔焦和近镜头，纪录式风格不必用那么多图片来刻画情景，戏剧性风格则可以突出非同一般的角度和模糊的动态。

简而言之，如果说文案是广告的文字语言，那么艺术就是广告的身体语言。电视借助图像和声音来吸引观众；广播则借助声音在观众心目中创造文字图像。特定的文字、图像和声音的组合共同构成了广告的表达特点。因此，虽然其品质不同，但每一条广告都会用到艺术元素。

在广告中，平衡、协调和动态指导着广告创意人员如何将文字、图像、字体、声音和色彩组合成一个传播讯息，让它们彼此相联、相得益彰。我们将在第 2 章"创意实施：艺术与文案"对这些概念展开进一步的讨论。

创意金字塔：构思文案与艺术的指导方针

创意金字塔（creative pyramid）是一种创意模式，根据不同的产品种类和背景，这个模式可以帮助创意小组将广告战略与大创意转换成实际而具体的广告。根据人类认识新信息的认识理论，创意金字塔采用了一个简单的五步结构（见图表 1-2）。

许多广告文案与广告设计的目的都是为了劝服潜在顾客采取某种行为，以满足某一需要或欲望，或提醒他们再次采取行动。在新产品上市的情况下，人们首先需要知晓问题所在；如果问题已很明显，他们自然会去解决问题。对于他们经常购买的产品，广告只需提醒他们去买即可。在这两种情况下，广告的首要任务都是引起他们的注意，第二步再激发他们对产品或讯息的兴趣。再下一步非常重要，尤其是对新产品而言，是为产品承诺建立信用。然后，广告便要集中精力引发他们的欲望，最后刺激他们采取行动。每条广告都涉及到对这五个组成部分的合理运用。下面，我们就对各部分逐一

图表 1-2

创意金字塔为制定文案
写作目标提出了一个简
单的指南。

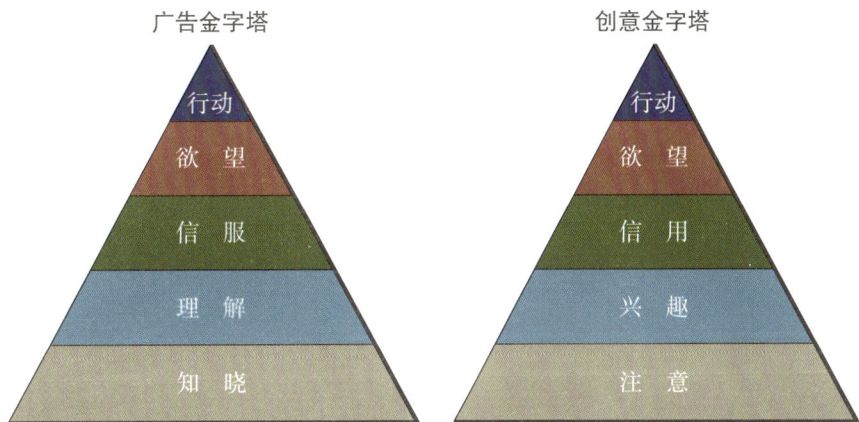

广告金字塔

创意金字塔

行动
欲望
信服
理解
知晓

行动
欲望
信用
兴趣
注意

进行简要的介绍。

注　意

　　广告本身就是一种刺激，必须突破消费者的生理过滤层，才能引起他们的注意，进而产生感知。因此，注意是广告的首要目标，也是创意金字塔的基石。艺术家为了找到能生动有趣、引人注目地表现大创意的方法而花费的时间和精力，绝不亚于他们当初为寻找大创意而花费的时间与精力。

　　注意环节是引发广告轰动效应的关键，印刷广告常常将标题作为吸引注意力的主要手段。文案的目标就是写出能传神地表达大创意的标题。标题通常都设计成最大、最醒目的字体，无论是在视觉上还是在概念上，往往都处于中心地位。其他许多手段也有助于吸引注意力：以印刷媒介而言，醒目的图像、非同寻常的布局、鲜明的色彩或超大的尺寸；以电子媒介而言，特殊音效、音乐、动画或超常视觉技术等。

有些因素是创意人员无法控制的。比如，广告预算会决定广告的大小和长短，这会影响到广告穿透消费者过滤层的力度和速度。与此相似，插播电视广告在一堆广告中的顺序、印刷广告在刊物中的位置，均有可能决定谁能看到这条广告。

吸引注意的手段应该产生动力、冲击力、紧张感和戏剧效果，还必须和谐，即与产品、广告格调以及目标受众的兴趣和需要相符。这在企业对企业广告中表现得最为明显，因为企业对企业广告主要以理性诉求和事实型思维方式为主。

如果标题提出了某种保证，却又没能以可信的方式传递这个讯息，那么，这条广告便不会引起销售，事实上，还有可能使潜在顾客疏远产品。如果广告的标题很生动，但数字很枯燥，与产品没有关联，也常常不会引起销售，这是因为潜在顾客一般不会购买第一个引起他们注意的物品。

兴　趣

兴趣处于创意金字塔的第二步，它极其重要，它将正在注意的潜在顾客引向广告的主体。随着信息的深入，广告必须始终维持受众的兴奋与投入。文案既可以借助回答注意环节中提出的问题，也可以借助添加几个与标题相关的事实来做到这一点。为了保持受众的兴趣，广告的格调和语言应该与目标市场的心态一致。正如我们在前面谈到的，成功的广告会引起共鸣。

文案人员和设计师必须一步一步地引导受众。调查表明，人们会阅读自己感兴趣的内容而忽略自己不感兴趣的内容，为此，文案人员必须时时刻刻保持潜在顾客的兴趣。[27]办法之一是谈论他们的问题、他们的需要以及产品／服务如何解决他们的需要与问题，从而穿透受众的心理过滤层。

文案人员经常用到的一个字就是"你"。

引起兴趣的有效方法有很多：戏剧化的场景、故事情节、卡通、图表等。在广播广告中，文案可以采用音效或对话，电视广告则经常采用快速切换的方式保持观众的兴趣。我们会在"广告制作"一章对这些技术专门加以探讨。

信　用

创意金字塔的第三步是为产品或服务建立信用。当今的顾客精明而又疑心重重，他们不再相信空口无凭的承诺。比较性广告能够树立信誉，但必须与顾客的需要相符，而且必须正当。

名人推荐能使广告平添几分可信度。例如，女演员妮可·基德曼（Nicole Kidman）就曾将她优雅而可信的个人风格融入广告中，成功地表现了香奈儿。

广告主经常拿出独立的试验结果来支持自己的产品承诺。但如果想让这种做法奏效，这类"证据"就必须真实可靠，不要玩弄统计数据。广告主和广告公司必须牢记：许多消费者具备广泛的产品知识，即便在一些非常专业的领域也是如此。

欲　望

在欲望环节，文案鼓励受众想象自己正在享受产品或服务所带来的好处。通常的做法是鼓励他们把心中的念头形象化。

在印刷广告中，文案会用"想象您自己……"这类句子来启发受众展开想象；在电视广告中，主角会从洗衣机中拽出一件光滑如新的 T 恤，满

K2 的这条滑雪板广告（ www.k2skis.com ）充分体现了创意金字塔的五个环节。广告首先以惊人的想象力以及视觉上与美国国旗的相似性抓住人们的注意力。然后，通过引用贝齐·罗斯（Betsy Ross）的话维持读者的兴趣。信任则通过贝齐·罗斯对强尼·莫斯利（Jonny Moseley）的评价来建立。广告语"上帝保佑，这盏小红灯让你成为更棒、更快的美国人"与整条广告的爱国主题相吻合，同时激发人们想成为更棒、更快美国人的愿望。最后一句话"你是美国人，这是你的滑雪装"直接号召人们采取行动。

　　脸微笑，然后说："真好！"而在广播广告中，播音员则说："你会看到最美的自己。"

　　欲望环节暗示出某种可能性，然后巧妙地让消费者自己感觉有实现这个欲望的能力。但是，一旦他们察觉自己是被人牵着鼻子走，他们就可能会感到受了侮辱而对这条广告产生反感，从而对产品失去兴趣。有时，文案会采取增加一个配角的方式来保持这种微妙的平衡。配角同意主角的观点，有时还看似无意地为产品补充几点好处。但配角不能喧宾夺主，必须与主角保持协调，因为主角才是与受众关系最近的人物。

在印刷广告中，欲望环节是最难处理的部分（也许正因为如此，一些文案才省略了这一环节）；在电视广告中，欲望环节可以单纯地表现消费者正在享受产品利益所带来的好处。你们是否注意到化妆品广告主总在有意无意地表现其用户即将降临的幸福生活？

行　动

创意金字塔的最后一步是行动，其目的是促使人们采取一定的行为，诸如兑取奖券、拨打屏幕上的电话号码、光顾商店，或者，至少认同广告主的观点。

金字塔的这一步到达的受众最少，但这批受众就是最有可能使用产品的人群。因此，最后这一步往往也是最容易的一步。如果文案确实讲清了需要受众去做什么，并且建议他们去做的话，其可能性是：他们多半会行动的（见广告实验室 1-B：创意金字塔在广告中的运用）。

行动号召既可以明白无误，如"详情请致电"；也可以含蓄暗示，如"飞越友好的天空"。美术设计师给优惠券四周打上齿孔，鼓励人们撕下优惠券，或用大字体或鲜亮的色彩突出公司的电话号码。通过这类手段，引导顾客采取行动。

在当今技术的支持下，广告不仅要号召人们采取行动，而且还要努力

创意金字塔在广告中的运用

请注意下面这条广告是如何运用广告文案的五个目标的（该广告获戛纳广告节铜狮奖）。

注意 照片中，一长队饥饿的儿童一下子紧紧地抓住了读者的注意力，这由反白大写字母的构成标题来提供支持。

兴趣 标题的第二句话用"嘿"开头，目的是引起受众的兴趣。句子的其余部分"让我们再往火星发射一颗探测器"则进一步激发读者的兴趣和好奇心。在察觉到一丝讥讽的同时，读者开始好奇这葫芦里到底在卖什么药。

信用 照片中，那一长队儿童一直延伸到画面外，似乎没有尽头，从而提高了广告声明的可信度——数以百万计的儿童正在挨饿。

欲望 第二句话中的讽刺意味，以及随后的行动号召，加强了人们去帮助这些儿童的欲望，向衣食无忧的读者的满足感提出了挑战。

行动 关心社会的广告主希望读者能更多地关注发生在自己生活的这个世界上的事。Il Vizio用粗大的黑体发出吼声："起来，全世界的人们。"广告主的名称位于广告的下方，一眼看去，就像是后来加上去的补记。这时，读者才发现这家咖啡企业与其号召人们"起来"之间的幽默关系。

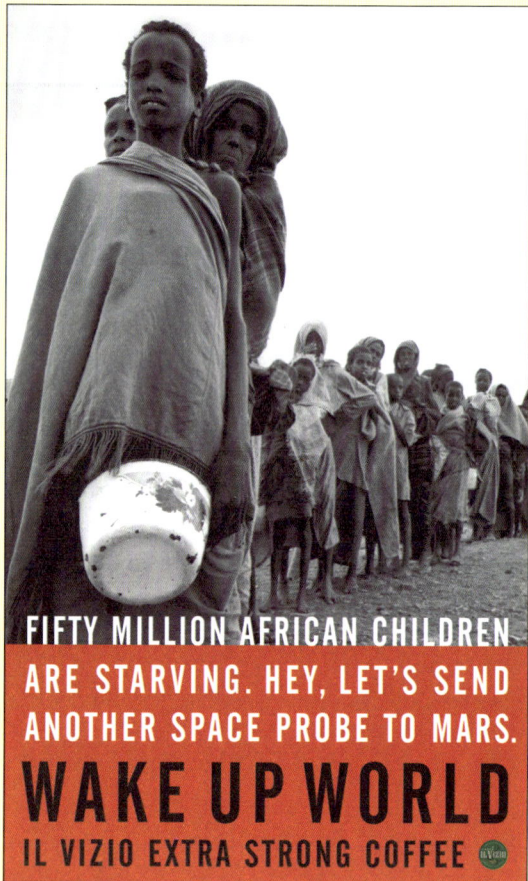

FIFTY MILLION AFRICAN CHILDREN ARE STARVING. HEY, LET'S SEND ANOTHER SPACE PROBE TO MARS. **WAKE UP WORLD** IL VIZIO EXTRA STRONG COFFEE

实验室应用

1. 找一条能说明创意金字塔五要素的广告（印刷广告最好找，也最好阐述，但电视广告和广播广告同样具备这五个要素。注意：欲望环节可能很难发现）。

2. 为什么那么多优秀的广告总是缺少这五要素中的一两个要素，它们是如何克服这种缺陷的？

落实人们的行动。可以通过免费电话号码或吸引人的网站做到这一点。在关系营销中，广告的基本目的就是让人们对关系产生兴趣，然后广告主再运用更有效率的一对一媒介来发展关系。

裁判的作用：决策时刻

创意过程的下一个角色便是**裁判**（judge），这时，创意人员要判断大创意是否可行，决定是否完成、修改或放弃大创意。[28]

裁判这个角色很微妙。一方面，创意人员肯定会一丝不苟，在自认为值得为大创意拼搏一番时，竭力扮演战士的角色；另一方面，他们又必须避免扼杀艺术家的想象。这里的一丝不苟比探险、构思或防卫更容易做到。但裁判的目的是协助产生好的创意，而不是在批评中取胜。冯·奥克建议先注意新创意积极有趣的方面，消极的方面自然很快就会暴露出来。

在扮演裁判这个角色评估大创意时，创意人员必须解决以下问题：这个创意是确实不错呢，还是凑合（我的第一反应是什么）？这个创意哪点可取（或哪点不对劲）？如果不成功又会怎样（是否值得去冒这个险）？我的文化偏见是什么（受众是否持有同样的偏见）？是什么阻碍着我的思维（我是否一叶障目）？

为了创作出世界一流的广告，李奥贝纳广告公司前任全球首席创意官、戛纳广告节金狮奖现任主任迈克尔·康拉德（Michael Conrad）设计了一套评分标准（见图表 1-3）。现在，李奥贝纳公司的全球产品委员会在将广告提交给客户之前都先用这套评分标准对每一条广告进行评价，得分低于 4 的广告不得提交给客户。之所以这么做，目的是为了创作出得分高于 8 的广告，这些广告会得到全公司的支持。而那些得分最高的、世界级的，自然就是"世界最好的、无懈可击的"。

10	世界级
9	广告新标准
8	产品品类新标准
7	工艺优秀
6	创意新颖
5	创新战略
4	老套
3	无竞争力
2	缺乏建设性
1	跑题

图表 1-3

李奥贝纳公司全球产品委员会评分标准

风险是一个重要的考虑因素。如果广告取得了成功，人人都会欢欣鼓舞、销量上升，大家也都得到晋升，偶尔甚至还会带来正面宣传。但如果广告砸了锅，种种不愉快便会接踵而至：那些声望较高的客户更会是怨声载道；销售有可能因此而疲软，甚至下滑，竞争对手趁机又扩大了一块市场地盘；分销商和零售商开始抱怨，不时接到客户主管不满的电话；也许，最糟糕的是在贸易上的尴尬境地；广告权威在电视采访中大谈广告的不是之处，《广告时代》和《广告周刊》的评论家纷纷撰写文章，甚至连一些大一点的日报也要插上一杠子。例如，《华尔街日报》就在一篇文章中严厉批评四大广告主的广告活动，它们是：健怡可乐（Diet Coke）、速波（Subaru）、美国电话电报公司和美国运通。[29] 这对广告公司及其客户的股票都是致命的打击，也是广告公司被撤换的原因之一。因此，裁判的作用至关重要。

如果艺术家和裁判的工作做得好，创意过程的下一环节——战士——的角色便会相对容易一些。

战士的作用：战胜艰难，克服障碍

在创意过程的最后环节，**战士**（warrior）要在这个抵制改变的世界中为新创意赢得疆土，使概念付诸实践。也就是说，战士要使大创意得到认可，然后进行制作，最终拿到媒介上去发布。冯·奥克说，战士必须勇猛无畏，要磨尖长矛（技术）、加固盾牌（提前注意他人的挑剔）、坚持到底（克服困难）、善用精力、百折不挠、品味成功、吸取教训。[30]

为了使大创意得到认可，战士不得不和公司内部的其他人员（还经常和客户）"战斗"一番。因此，战士的职责之一就是把公司的客户小组变成战友，让他们协助自己向客户进行陈述。在这种情况下，创意人员必须完成自己的讯息战略文本，努力推销自己的构思所包含的文案、艺术和制作成分，并做出合理的解释。讯息战略最好与创意纲要丝丝相扣，否则，英勇无比的战士就有可能面对一道宽阔而没有吊桥的护城河（见广告实验室 1-C：创意训练场）。

战士还有一个任务：协助客户经理向客户陈述广告活动。布鲁斯·本汀格尔（Bruce Bendinger，中文名"班博思"，著有业界名著《广告文案训练手册》。——译者注）说："推销创意的方式好坏与创意本身的好坏一样重要。"为此，他提出了增强陈述力的五种武器：[31]

1. 周密的战略。销售创意必须忠实于战略，提案小组必须证明创意的确不错，在陈述销售大创意之前，必须先对战略进行讨论。

2. 善解人意。与广告一样，陈述也应该以接受对象为导向。创意必须符合客户的需要。

3. 巧妙的陈述。陈述必须事先经过充分的准备和演练，应该利用精彩的图像和情感诉求。出色的陈述会使人产生实施广告活动的愿望。

4. 严谨的劝服。由于大多数客户的思维都很严密，因此，陈述应尽量做到条理清楚。开场最为重要，因为开场为整个提案活动定下了基调。

5. 解决问题。客户有需要，客户往往也受他的顶头上司管束，这些"大人物"经常就广告事务向他们提出一些刁钻的问题。因此，只要切实为客户解决问题，你的创意就肯定能推销出去——不过要讲究方式方法。

对客户来讲，认可一个大创意并判断其功效的难度几乎和构思一个大创意一样难（有关大创意的一些实例，请参见广告档案：创意总监的广告杰作）。当广告公司（或专属广告部）提出构思时，客户突然就处在裁判的

创意训练场

探险家

下面是为你的探险家准备的一套直观健美操，请在图案中找出一个完整的星形。

裁判与战士

如果你是创意人员，你的判断力会对下面这种创意训练场式的广告做何评判？你的战士又会如何向客户陈述这两幅广告，以求他们的认可？

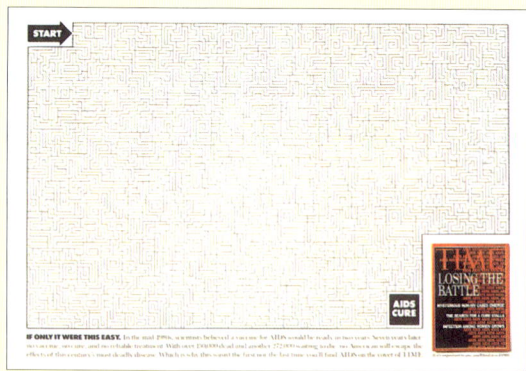

艺术家

艺术家用幽默而荒诞的"如果……会怎样"之类的问题让自己的大脑进行热身。试试以下热身技

巧：

1. 想出一套新的换算因子：

10^{12} 麦克风 =1 扩音器

10^{12} 大头钉 =1 水龟

三叉戟 = 颓废艺术家

研讨会 =1 双星

10^{21} 短笛手 =1 男舞伴

1 毫海伦 = 发动 1 艘轮船所需的美貌

2. 另一种大脑训练法是更换创意的背景，下面所示为罗马数字 9。只需加一条线就可以让 6 变成 9：

IX

在中央画一道横线，把它颠倒，然后遮住下半截，就是罗马数字 VI（6）。还有一种更巧妙的解决方法，在 IX 前面加"S"成 SIX（6）。我们现在要做的是把 IX 从罗马数字这个背景中拿出来。然后把它放进用英语拼写的阿拉伯数字中。另一种解决方法是在 IX 后面加上 6，于是，你可以得到 IX 6 或 1×6。

实验室应用

1. 力争解决上述问题，说明你为何做出如此选择。

2. 为以下每对词语想出一个恰当的比喻

a. 拳击 + 水

b. 磁铁 + 实验室

c. 彩虹 + 钟

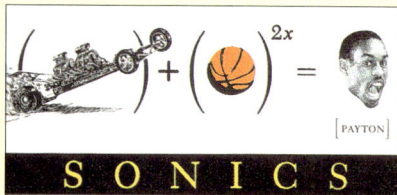

位置上了，但事先却没有经历其他角色。大卫·奥格威建议客户不妨问自己五个问题：我第一眼看见这个构思是否感到惊喜？我是否希望这个创意是自己想出来的？这个创意独特吗？创意与战略配合完美吗？这个创意能用 30 年吗？[32]

正像奥格威说的那样，能用五年以上的广告已经可以说是超级巨星了：多芬香皂的"含 33% 润肤洁肤膏"；象牙香皂的"99.44% 的纯香皂"；宝马车的"终极座驾"和美国陆军的"尽情发展"……它们中的有一些至今仍在使用，其中有些已经使用了 30 年之久。它们才是真正的大创意!

广告获得客户的认可之后，创意人员所扮演的战士角色才完成了一半。现在，还必须实施广告活动。这就意味着战士还要护送着广告经历错综复杂的设计与制作细节，确保广告活动忠实于战略，在预算内以尽可能好的质量如期完成。与此同时，创意人员又转换到设计、撰写和制作广告的艺术家角色上。

下一步，实现大创意——为印刷媒介和电子媒介制作广告，这是我们下两章的内容。

:: 创意总监的广告杰作

　　创意总监总想创作出最有效的广告，使广告主的广告引起最好的反响。这就意味着首先要将绝妙的创意转换成既能引起特定目标受众共鸣，又能符合广告主的营销与广告战略的广告表现形式，最后还要以高超的技巧实施这个创意。

● 研究本档案中的所有获奖广告，想想它们是否符合"杰出"广告应具备的标准。首先，分析广告是信息性的还是转换性的；其次，衡量并描述各广告所采用的"轰动元素"；再次，检查你是否可以从广告中判断出广告主的广告战略以及该广告与战略的关联性；最后，评判创意总监对创意设想实施的好坏。

温哥华的一家广告公司——三思广告公司（Rethink）——为宣传3M公司（www.3m.com）的新型苏格兰盾安全玻璃，想出了一个新花样：他们将300万假美元放在用这种安全玻璃制作的箱子内，只有最上面一层的500美元是真的钱。玻璃箱就安放在该广告公司的办公室外面。很多过路的人都试图撬开这个箱子，但没有一个人能打开玻璃。虽然这次宣传活动只持续了一天半的时间（由于安全原因箱子被撤除），但广告却引起了全国性的关注，而其整个预算只花费了6 000美元。

在这条获得戛纳广告节铜狮奖的广告中，亨氏是在精巧与抖机灵之间踩钢丝——它是在冒失去传播效果的风险。别出心裁的视角立刻抓住了我们的注意力，并且持续时间之长足以让其中的智慧显现出来。的确是一条热辣的广告。

飞利浦这条获戛纳广告节银狮奖的广告无疑是一个言简意赅、切中要害的绝佳例子。广告中,怪物从床底下被赶出来,不得不睡到公园的长椅上。你认为创作这条广告的创意人员是如何从"照明"过渡到"怪物"的?

NOT ALL KIDS WANT THE SAME THING FOR CHRISTMAS.

COVENANT HOUSE 1-800-HELP-308

契约之家(Covenant House)是美国最大的私人儿童保护机构,给无家可归和离家出走的儿童提供栖身之处和援助服务。在这条令人心酸的广告中,一只装玩具的纸箱成了一名儿童的栖身场所。你认为这条广告会引起哪类受众的共鸣?这条广告希望受众采取什么行动?

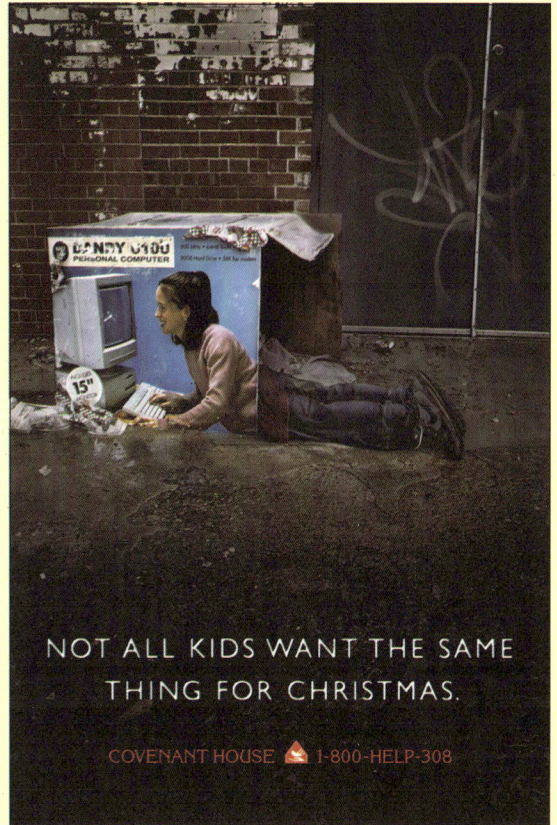

比喻是广告中的一种有效策略。在这里,德国法兰克福的一家美发店——莱比锡之风(Liebesdienste)——故意将老式的"手撕条"广告与自己新推出的头发拉直服务混为一谈。

go out with taller men.

75% of women

海飞丝的这条广告获得了戛纳广告节铜狮奖。广告表现了一系列大小物体的照片，它们一个挨一个整齐地摆放在一起。在最后一帧，广告打出文字："75%的女性愿意和更高的男性一起外出。"你认为这种表现手法与其战略之间的关联性如何？

PUMA   Ultimate Football Simulator

Instructions

Kick your mouse and try to score.

Press SPACE

互联网对许多广告主而言仍然是一种新媒体。彪马（Puma，www.puma.com）这条荒诞的广告鼓励自己的观众踢鼠标"射门得分"。这个广受好评的概念使其获得了金铅笔俱乐部举办的金铅笔大赛的裁判奖。

从远处看去，你会看到一辆路虎车的轮廓。到东非旅游，最著名的座驾是什么？当然是路虎。有共鸣，有关联。该广告不愧是戛纳广告节银狮奖得主。

有些最好的广告同时也是最简单的广告。在这条幽默的户外广告中，德国的一家健身俱乐部充分利用了广告本身的边框来大做文章，直接针对那些有可能从他们的服务中受益的消费者。

本 章 小 结

在营销传播过程中，创意小组负责广告讯息的编码工作，他们是传播活动的制作者。创意小组一般包括一名美术指导和一名文案人员，他们由一名创意总监领导。

创意小组的任务是为客户创作杰出的广告，杰出的广告具有两大特点：受众共鸣和战略关联性。广告如果想真的引起共鸣，就要有"轰动"元素，也就是要有能当即引起受众注意、让他们参与、激发他们想象力的兴奋元素。有些广告信息含量丰富，能解决受众的现实问题或他们想象中的问题，从而引起他们的共鸣；还有一些广告则属于转换性的，提出某种回报，从正面给予肯定，从而引起共鸣。

杰出广告的第二个特性——战略关联性——隐藏在每一条广告的图像元素和文字元素背后。实际上，广告战略是产生杰出创意作品的关键。

广告战略（或创意战略）一般由客户管理小组负责撰写，包含四个组成部分：目标受众、产品概念、传播媒介和广告讯息。在制定出创意计划的总体参数后，客户经理便要准备一份创意纲要，简要地说明重要的战略决策。创意纲要至少要包含三个内容：目标说明、支持性说明和基调说明或品牌特征说明。创意纲要从战略上给美术指导和文案保驾护航，因为他们要负责制定讯息战略，并具体说明如何实施广告。讯息战略包括三个部分：文案、艺术和制作。

文案指讯息战略的文字或非文字（图像）表现；制作指广告制作的详细配置。

创造意味着独一无二。创造指将两个（或两个以上）原本并不相干的元素、物件或观念组合起来，形成新的东西。创造使广告更加生动，有助于广告告知、劝服和提示顾客或潜在顾客。每个人都具备创造力，只是因人而异大小不同。

学者们认为，有些思维方式比另一些思维方式更有益于创造。两种基本的思维方式为事实型思维方式和价值型思维方式。习惯于事实型思维方式的人往往喜欢线性思维，善于分析，比较理性；而习惯于价值型思维方式的人则不太严密，较多依赖直觉，更富于想象，他们善于综合不同的观点，创造出新的观念。而且，他们具备比喻性思维的能力，这使得他们更具创造性。

按照创意过程的一种模式，创意人员在接受新创意的过程中，要分别扮演四种角色：探险家、艺术家、裁判和战士。探险家寻找新信息，关注异常模式；艺术家则通过各种方法寻找大创意，并决定如何体现这个大创意。在这方面，创意金字塔会提供一些帮助。创意金字塔揭示了按照人们了解新信息的途径如何形成一条广告，它采用五个步骤：注意、兴趣、信用、欲望和行动。

裁判评估各种尝试的结果，判断哪个方法最切实可行；战士则要战胜各种干扰、挫折、困难和扼杀创意的因素，使创意概念付诸实践。创意过程的每一个角色都有其别具一格的特点，可以利用多种技巧来提高各个角色的表演。在创意阶段，最好采用价值型思维方式；而在裁判和战士阶段，事实型思维方式则可能效果更好。

为了完成手中的任务，创意人员往往逼迫自己，结果陷于不良的心境，进而采用了错误的方法，这对创意无疑是最大的阻碍。不过，我们可以借助许多技巧来摆脱这种思维困境。

重 要 术 语

文案人员	广告讯息	规　定	形象化
美术总监	创意纲要	创造力	概念化
创意总监	理性诉求	事实型思维	大创意
创　意	感性诉求	价值型思维	艺术方向
信息性	讯息战略	创意过程	艺　术
转换性	文字部分	探险家	创意金字塔
目标受众	非文字部分	头脑风暴法	裁　判
传播媒介	技　巧	艺术家	战　士

复习题

1. 从本书前面的章节中选择一条广告，你认为该广告主的广告战略和讯息战略是什么？该广告的轰动因素是什么？

2. 创意纲要中什么因素最重要？

3. 讯息战略有哪些组成部分？它与广告或创意战略有什么区别？

4. 你上周做过哪方面的创意训练？

5. 两种主要思维方式各有什么特点？你一般喜欢用哪一种？为什么？

6. 创意过程中有哪四个角色？你在写论文时扮演过这四个角色吗？如何扮演？

7. 战略说明与大创意之间有什么区别？

8. 请选出五幅杂志广告，你能认出在这些广告中艺术家们都使用了哪些技巧吗？

9. 在上述这些广告中，你能认出创意金字塔的各个环节吗？

10. 在做提案时，必须切记哪些重要因素？

广告实践

1. 色彩的作用

不同的色彩会使图像给人造成不同的微妙感觉。请挑选一幅黑白印刷广告，分别用三种颜色重新进行创作，每一次都选用不同的色彩组合，邀请不同的受众（比如你的同学、朋友或家人）说出他们对各种色彩组合的感觉，然后写出每一种色彩效果的分析报告，说明色彩是如何加强或削弱广告讯息的。

2. 有效的创意战略与实施

访问以下网站，运用创意过程和各种手段，判断它们是否属于"杰出"广告，注意广告背后所包含的创意与战略意图，最后回答后面的问题：

- 阿迪达斯：www.adidas.com
- 劲量：www.energizer.com
- Xbox：www.xbox.com
- 尼桑：www.nissan-usa.com
- 美国电话电报公司：www.sbc.com
- 海洋世界：www.seaworld.com
- 塔科贝尔：www.tacobell.com

a. 上述网站的目标受众是谁？

b. 造成上述网站创意优劣的因素是什么？为什么？

c. 识别上述传播活动中的"对象、原因、内容、时间、地点、风格、手法及基调"。

d. 为上述各网站撰写一份目标说明、支持性说明和品牌特性说明。

3. **客户策划**

客户策划人员协助落实调查过程，为创意收集适当的信息，因此，不可忽视客户策划的职能，即为创意小组收集调查结果、形成战略。客户策划集团（APG）麾下有 700 名客户策划人员和传播战略家。请浏览该集团网站（www.apg.org.uk）上的记录，并回答后面的问题：

a. 该网站的目标受众是谁？

b. 什么叫客户策划？它有什么重要意义？

c. 客户策划能产生什么初步文件？这些文件的主要成分是什么？

d. 从客户策划集团的网站中选择一篇论文或文章并展开讨论，说明其与客户策划和广告业的关联性。

过去与现在

4. 苹果通过什么途径，在自己的广告中不断地传播自己的核心价值——独一无二的设计、方便快捷的使用？

5. 从苹果最近 25 年的印刷广告中挑选一条，说明哪种传播方法对其广告的成功更为重要，是美术指导还是文案？请说明原因。

6. 泰勒吉他的价值型广告往往采用比较含蓄的表现方式向读者传递自己的讯息。"硬行销"手段对泰勒吉他是否奏效？请说明原因。

7. 泰勒吉他通过其用户季报《木与钢》加强自己与购买者之间的售后关系。请登录 www.taylorguitars.com/new/community/woodandsteel.html，看看其最新发行的一期。请评估季报在内容和创意上与企业广告战略的整合度。

第 2 章

创意实施：艺术与文案

目标 对艺术和文案——讯息战略的文字与非文字元素——在印刷、广播和电视广告中的作用展开讨论。美工和文案人员包括各种各样的专家，他们遵循一定程序构思、设计、撰写和制作广告素材。广告人员必须精通本行业的文案写作与广告艺术的术语与形式，才能确保成功地完成自己的工作。他们还必须培养自己的审美感，这样，他们才有能力辨别、创作、评估和推荐优秀的广告作品。

阅读本章，你可以学会：

1. 了解广告业中各种类型艺术家的作用。

2. 掌握广告布局的运用以及创作它们的步骤。

3. 了解创意的认可过程。

4. 认识文案人员与创意小组其他成员之间的关系。

5. 探讨广告的格式元素及其与广告文案写作目标之间的关系。

6. 了解美术指导在广播广告中的作用。

7. 认识各种电视广告的优势与劣势。

Sandra T.
Identity Theft Victim

Ruth F.
Identity Theft Victim

20世纪90年代是一个富足的时代，各种各样感性、亲切、平和的信用卡广告宣传着使用信用卡的好处。讯息的中心思想就是享受花钱的过程，新的现实主义使世纪之交的广告充满了浓厚的银行服务气息。广告不断告诉我们怎样不受各种噩梦的困扰，包括股市大跌、贷款利息上涨、身份失窃和信用卡诈骗等等。

2006年，大约每20个人中就会有一人发现（而且常常是过了几个月才发现）自己的信用记录遭到了身份窃贼的败坏。[1] 1998年以来，根据联邦贸易委员会的调查，关于身份失窃的报道呈10倍增长。这些犯罪行为给受害者带来了巨大的损失，平均每一起的涉案金额高达6 383美元，而且债权人通常会要求受害人赔偿一部分因侵权支出而产生的损失。[2] 花旗银行一直在努力让消费者重拾使用其信用卡服务的信心，他们推出了一项名为身份失窃解决方案的服务，声称客户可以无

须为侵权支出而负责。

布拉德·杰克曼（Brad Jakeman）是花旗集团全球广告部的总监，他描述了要将所有讯息都塞进一条30秒的电视广告有多难："身份失窃是殃及百万人的大问题……我们的问题是，'怎么才能在广告中表明这种情况可能发生在你身上，但又不至于让观众过于恐慌？'"[3]

法伦全球广告公司的创意小组接受了这个挑战，他们同时运用了许多彼此冲突的图像和文字，他们的努力最终为他们赢得了2004年的戛纳广告奖。每一条电视广告都表现两个不同的人物：一个飞扬跋扈，另一个温文尔雅。广告中，我们听见的是洋洋自得的窃贼的声音，而看见的却是一名受到惊吓的受害者的口型。美术总监史蒂夫·德里格斯（Steve Driggs）在解释最早的几条广告时说："尽管看起来只有三个人，但其实是六个，我想观众能够——分辨出来。"[4] 我们看见一个追逐

时尚的小姑娘和一个穿着老式法兰绒衬衣、正在看电视保龄球节目的中年男人一同出现，看见一个不服老的科技狂人正气鼓鼓地从一个在修脚的少妇的臀部穿过，看见一个虚情假意、周游全球的花花公子正冲着一个卖命工作的牙医的嘴说话。丰富、饱满的色彩更加剧了欺诈者与被骗者之间的差异。

窃贼用受害人的钱购买各种奢侈的商品，而受害者则或站或坐，冲着固定的镜头解释着什么，嗓音和口音完全不同于前面能对上口形的受害者。购买过程是广告中最难处理的一部分。配音演员有对文案瑞安·佩克（Ryan Peck）所写的脚本进行润色的权利，非法消费的每一个细节都被描述得生动传神：一件"可以托高并分隔的"皮质紧身胸衣，"上面躺着裸女的挡泥板"，一个舞会"机器人女伴"，还可以给全身"来个经典式脱毛"。

广告中的创意必须与产品的推广紧密地联系在一起。当窃贼或受害者飞快地说出他们要购买的商品之后，花旗银行的"身份失窃解决方案"标志以及广告语"富足地生活"，还有免费热线电话号码便会出现在消费者视线之中。然而，过上富足生活的是那些为所欲为的窃贼而不是可怜的受害者。如果艺术化的创意与广告讯息配合不当，便会适得其反。在抵制犯罪的广告中运用幽默手法还有一种风险，那就是，一旦消费者意识到自己在犯罪分子面前非常脆弱的话，他们就有可能不再相信任何银行服务能够保护他们。麦肯广告公司纽约分公司的创意副总监乔伊斯·金·托马斯（Joyce King Thomas）对身份失窃系列广告引起的共鸣表示欣赏，但他同时也指出："这条广告让我胆战心惊，我不确定我是应该去申请一张花旗银行的信用卡呢，还是把我所有的信用卡都注销掉。"[5]

表现大创意：视觉元素与文字元素的结合

花旗银行的"身份失窃"系列广告在世界各种广告大赛中受到一致好评，并为其后来的新广告系列定下了基调。这一系列广告最突出的一点就是它们层次分明的讯息战略，广告中的每一个元素，从制作水准到演员表演中的细节张力，都加强了创意概念。

在广告中，表现出来的东西与说出来的东西同样重要，有时甚至更重要。广告的非文字元素至少担负着演绎讯息一半的重任。它要帮助产品定位，为品牌塑造个性，创造广告的氛围，决定观众对它的感觉。那种氛围将使体现在文案当中的文字讯息获得特定的风格。

　　本章将从艺术和文案的角度着重探讨广告概念的实施，探讨视觉元素和文字元素的细节。我们将首先探讨印刷广告的美术与文案，然后探讨电子媒介的艺术与文案。

创作印刷广告的艺术

摆在花旗银行和法伦广告公司面前的下一个挑战是如何将平面广告纳入"身份失窃"系列广告的媒介组合中：如果不用那种不和谐的画外音，那么要怎样才能传达出那种创意理念呢？史蒂夫·德里格斯又在看似不可能的组合方式中找到了答案。杂志广告将人物安排在不太可能被当场抓获的地点。尽管这条广告的电视广告引起了观众的共鸣，但法伦制作的平面广告却较好地传达了公司的目标和战略。广告文案很好地解释了使用身份失窃解决方案的好处，而针对这个问题，电视广告的表现时间就太短了。

设计印刷广告

设计（design）指美术指导和平面设计师如何选择和配置一条广告的美术元素。设计师选择特定的美术元素并以其独特的方式对它们加以组合，以此定下设计的风格，即某个想法或形象的具体表现方式。

　　花旗银行广告中的照片充满焦虑和紧张的气氛，从而增强了讯息。观众会觉得"这张照片不太对劲"，广告语则肯定了这种反应，"在我们看来也不太对劲"。照片的四个角都采用圆滑处理，旁边显示信用卡。这些都加强了设计的力度，也与花旗银行的标志相吻合。

　　通常，简洁的线条、中规中矩的照片，以及简单的广告词能赋予广告所需的呼吸空间，吸引着读者的眼球从一个元素过渡到另一个元素。请注意沿着广告右侧设计的空白。文案解决了照片中令人不舒服的问题；花旗

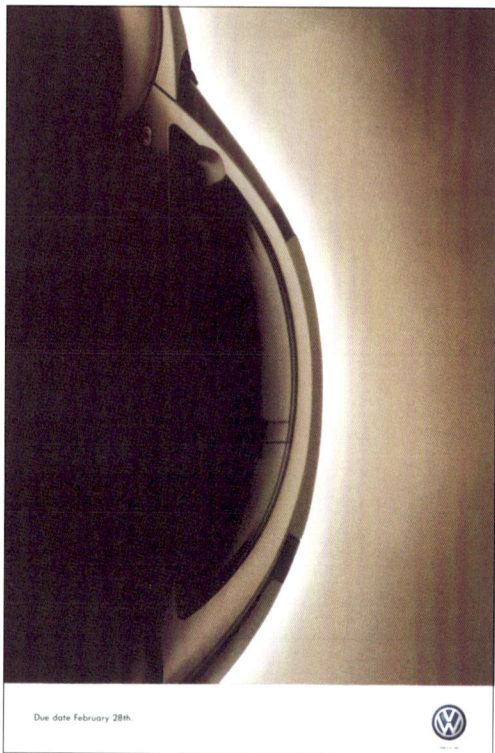

Due date February 28th.

VW

在设计广告时，布局图可以让创作人员提前知道所有组合元素的排列方式。广告公司和客户都利用布局图来评估或进一步推敲广告的外观和感觉。为了宣传大众甲壳虫的上市，大众南非公司（Volkswagen South Africa）的广告表现非常巧妙，广告中甲壳虫的外壳看上去就像一个准妈妈的肚子。

银行推出的消费欺诈预警服务解决了这个问题。充足的空白与画面结合，同时保持平衡感，从而使得整个广告中的讯息多而不乱。

在美术指导的指导下，几位美工制作出广告概念的初步构图，然后再与文案配合，拿出自己的平面设计专长（包括摄影、排版和绘图），创作出最有效的广告和宣传手册。

布局图的功用

布局图（layout）指一条广告所有组成部分的整体安排：图像、标题、副标题、正文、广告语、印签、标志和签名。布局图有几个作用：首先，布局图有助于广告公司和客户预先制作并测评广告的最终形象和感觉，为客户（他们通常都不是艺术家）提供修正、更改、评判和认可的有形依据。

其次，布局图有助于创意小组设计广告的心理成分，即非文字元素和符号元素。精明的广告主不仅希望广告给自己带来客流，还希望（如果可能的话）广告为自己的产品树立某种个性——形象，并在消费者心目中建立品牌（或企业）资产。而要做到这一点，广告的外观就必须明确地表现出某种形象或氛围，加深消费者对企业和产品的印象。

因此，在设计广告布局初稿时，创意小组必须对产品或企业的预期形

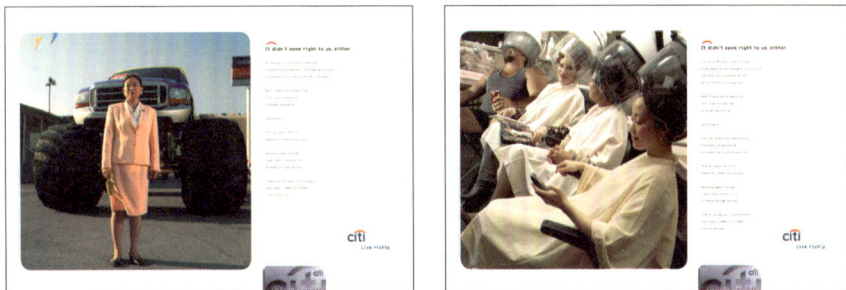

为了将花旗银行的电视广告转化为平面广告，法伦全球广告公司的创意总监史蒂夫·德里格斯将噩梦般的真实画面与引人注目的标题相结合来演绎花旗银行的"身份失窃"系列电视和平面广告。该系列广告曾获得过广告大奖。有了花旗集团的反欺诈服务，无论是主管还是员工，都能避免或大或小的信用卡非法盗用事件。

象有很强的意识。在花旗银行这个案例中，创意人员之所以让信用卡失窃案受害者与奇怪的场景同处于版面的主要位置，主要原因就是为了制造心理气氛。广告立即在目标受众的心目中留下了不可磨灭的印象——花旗银行不仅密切关注着犯罪，还可以阻止犯罪。这一招为品牌平添了几分价值。

　　再次，挑选出最佳设计之后，布局图便发挥蓝图的作用，显示各广告元素所占的比例和位置。一旦制作部经理了解了某条广告的大小、图片数量、排字量以及颜色和插图等这些美术元素的运用，他们便可以判断出制作该广告的成本（见广告实验室 2-A：广告艺术家的作用）。

广告设计与制作过程：创作与认可过程

设计过程既发挥着创作功能，又发挥着认可功能：在创作阶段，平面设计师采用小样、初稿、样本和末稿——换句话说，就是非完成稿——的形式来体现广告的形象和感觉；然后，在预备印刷（或制作艺术）阶段，由美工准备好版面组合，即实际字体、图像、色彩等图形元素已各就各位、供

广告艺术家的角色

投身广告艺术的人都被称做艺术家，但他们又各自发挥着全然不同的作用。有的人压根儿不会绘画，但他们却在其他艺术专长方面训练有素。

美术指导

美术指导负责广告的图像表现，他们和文案人员一起设计广告的雏形。他们可能构思最初的草图或布局图，但自此以后便不再碰具体的工作，他们的主要职责是指导广告顺利地完成。

优秀的美术指导能同时驾驭创意的文字表现和图像表现。他们一般都是资深的平面设计师，同时又非常了解消费者，他们手下的人员可多可少，视公司的结构而定。有时,他们自己也是自由职业者(独立签约人)，独自完成大部分工作。

平面设计师

平面设计师在形状和形式上精益求精，他们尽可能地以最迷人、最有效的方式安排广告中的各个平面设计元素（如字体、插图、照片、空白等）。虽然他们有可能亲自动手制作广告，但他们更经常的是设计和制作相关材料，如招贴、手册和年度报告。

在广告公司，美术指导经常充当设计师的角色。不过，有时为了使某条广告带上一丝独特的气息，也有可能利用广告公司外的独立设计人员。

插图画家

插图画家绘制广告的图像部分，他们通常精干某一类绘画，如汽车、时装或家具等。广告公司或广告主很少雇有全职的插图画家，绝大多数广告插图画家都是自由职业者。广告公司的惯例是根据某条广告的特殊需要、形象和感觉，针对不同的工作，聘请不同的插图画家。

摄影师

和插图画家一样，广告摄影师创造广告的非文字表现力，增强广告的文字讯息。摄影师动用摄影器材（如相机、镜头，灯光等）来创作形象。他们选择有趣的角度，以新的方式安排被拍摄对象，精心地控制灯光，采用许多其他手段来提高被拍摄对象的形象质量。室内摄影师运用大功率灯光拍摄背景前或布景中的对象；实地摄影师则一般在真实的环境中进行拍摄，就像拍摄林地（Timberland）广告时那样。许多摄影师都各有所长——车、名人、时装、食品、设备或建筑等。广告公司和广告主极少雇用固定摄影师，他们通常按以小时计费或计件付费的方式雇用自由摄影师。摄影师有时也出售他们先前拍摄的图片或材料。

制作美工

制作美工（又叫拼版美工）按美术指导或设计师的指示将广告的各个元素有机地组合起来。优秀的制作美工头脑灵活、准确无误，了解制作的整个工艺流程。当今的制作美工必须精通计算机，他们运用各种软件程序进行版面设计、制表、绘图以及图片扫描。大多数平面设计师和美术指导都是从制作美工成长起来的。制作美工的工作艰巨而又重要，因为一条广告到这个环节才算真正完成，我们才能看见其成品的样子。

实验室应用

1. 从第 1 章的广告档案中任意挑选一条广告，说明都有哪些广告艺术家参与了该广告的创作，每人各自都承担了什么职责？

2. 你认为第 1 章广告档案中的哪条广告需要的艺术家最少？需要多少位？

印刷厂印制广告用或媒介用的终稿。在第 3 章"印刷、电子及数字媒介的广告制作"中，我们将看到这个设计过程如何制作最终的广告成品。

在整个创作设计过程中，广告人随时都面临着认可的问题。在设计与制作的任何阶段，广告或广告概念都有可能发生变化，甚至被否决。

小　样

小样（thumbnail）是美工用来从视觉上表现布局方式的大致效果图，很小（大约为 3×4 英寸），省略了细节，比较粗糙，是最基本的东西。直线或水波纹构成的方块表示正文的位置，方框表示图形的位置。然后，最好的小样再进一步制作。

初　稿

在初稿中，美工画出实际大小的广告，提出候选标题和副标题的最终字样，安排插图和照片，用横线表示正文。广告公司可以向客户——尤其是在乎成本的客户——提交初稿，征得他们的认可。

末　稿

到**末稿**（comprehensive layout/comp）这一步，制作已经非常精细，几乎和成品一样。末稿一般都很详尽，有彩色照片、定好的字体风格和字号以及配合用的小图像，外表再喷上增光剂。此时，末稿的文案排版以及图像元素的搭配都由电脑来执行，打印出来的广告如同四色清样一般。到这一阶段，所有图像元素都最后落实好了。

样　本

样本体现手册、多页材料或售点陈列被拿在手上的样子和感觉。美工借助彩色记号笔和电脑清样，用手把样本放在硬纸上，然后按尺寸进行剪裁和折叠。例如，手册的样本是逐页装订起来的，看起来同真的成品一模一样。

版面组合（拼版）

交给印刷厂复制的末稿，必须将字样和图形都放在准确的位置上。现在，大部分设计人员都采用电脑来完成这一部分工作，完全不需要拼版这道工序。但有些广告主仍保留着传统的**版面组合**（mechanicals）方式，在一张空白版（又叫**拼版**，pastup）上按各自应处的位置标出黑色字体和美术元素，再用一张透明纸覆盖在上面，标出颜色的色调和位置。由于印刷厂在着手复制之前要用一部大型制版照相机对拼版进行照相，设定成品广告的基本色调、复制件和胶片，因此，印刷厂常把拼版称为**照相制版**（camera-ready art）。

在设计过程中的任何一个环节——直至油墨落到纸上之前，都有可能对广告的美术元素进行更改，当然，这样一来，费用也可能随着环节的进展而成倍地增长。

认　可

文案人员和美术指导的作品始终面临着"认可"这个问题。广告公司越大，客户越大，这道手续就越复杂（见图表 2-1）。一个新的广告概念首

图表 2-1

文案认可过程从广告公司内部开始，以客户方负责主管的认可而告结束。每一项审核一般都会引起一些改动，并要求为下一步的认可进行展示。如果双方都是大公司，那么该过程的预备时间可能更长。

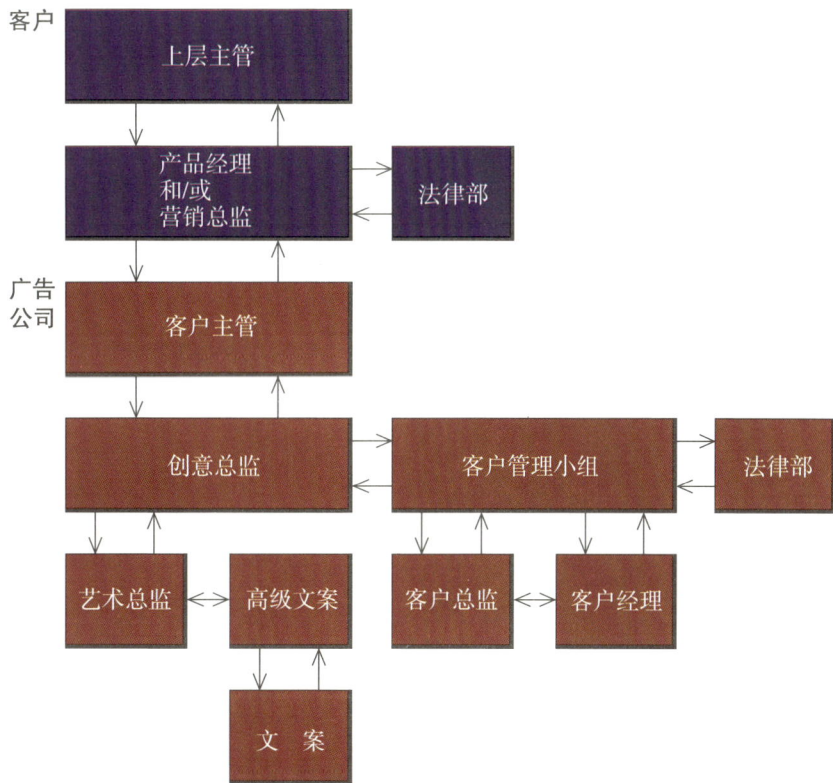

客户

| 上层主管 |

| 产品经理 和/或 营销总监 | | 法律部 |

广告公司

| 客户主管 |

| 创意总监 | | 客户管理小组 | | 法律部 |

| 艺术总监 | 高级文案 | | 客户总监 | 客户经理 |

| 文案 |

　　先要经过广告公司创意总监的认可，然后交由客户管理小组审核，再交由客户方的产品经理和营销人员审核。他们往往会改动一两个字，有时甚至推翻整个方案。之后，双方的法律部再对文案和美术元素进行严格审查，以免发生问题。最后，企业的高层主管对选定的概念和正文进行审核。

　　在"认可"这一环节面对的最大困难是，如何避免让决策人打破广告原有的风格。创意小组花费了大量的心血才找到具有亲和力的广告风格，但一群不是文案、不是美工的人却有权全盘改动它。保持艺术上的纯洁相

当困难，需要耐心、灵活、成熟以及明确有力地表达重要观点、解释美工
选择理由的能力。

**电脑对平面
设计的影响**

借助平面设计或图像处理程序，当今的平面设计师可以完成许多以往必须
由众多美工来完成的工作。在显示器屏幕上，他们可以看见插图和照片均
已配置完毕的整个版面布局，可以在几分钟内轻而易举地对任何部分进行
修改。而在电脑出现以前，设计不同的布局图可能需要好几天时间，而且
末稿也不如电脑设计出来的那么精细和完美。

由个人电脑和 Macintosh 支持的小型电脑系统是比较理想的电脑设计工
具，现在，到处都可以得到各种高级个人电脑平面设计软件：如制版用的
QuarkXPress、*FrameMaker* 和 *InDesign*；绘图用的 *CorelDRAW*、*Macromedia
FreeHand*、*Adobe Illustrator*；以及形象设计用的 *Adobe Photoshop*、*Corel
Paint Shop Pro*、网页设计用的 *Macromedia Dreamweaver* 等。最常用的文字
处理软件程序有 *Microsoft Word* 和 *Core WordPerfect*。[6] 这些软件价格适中，
因而自由职业者、小企业和广告公司创作部都可以使用。今天的平面艺术家、
插图画家和修版师除了要具备全面的美学、艺术表现与设计方面的知识外，
还必须掌握电脑。

**设计原则：哪种
设计格式最好**

设计出来的广告必须吸引顾客，而且必须迅速做到这一点。一般说来，广
告主抓住受众注意力的机会只有一两秒钟。事实确实是这样，有关广告读
者的调查表明，美国人平均每天会接触到 3 000 条广告，66% 的读者声称
他们遭到了广告"持续不断"的轰炸，59% 的读者则认为他们所看到的广
告与他们完全没有关系。[7] 调查还显示，广告主支付的费用与受众回忆的程

度没有必然联系，但广告的质量很关键。[8] 良好的设计不仅可以引起注意，而且可以保持注意，还可以在最短的时间内传递最多的信息，使受众更轻松地理解讯息。[9]

广告主可以采用众多不同类型的布局（请参见广告档案：美术指导的布局形式指南）。一般说来，回忆率最高的广告采用的是一种标准的**招贴式格式**（poster-style format），又叫**方框图片式布局**（picture-window layout）和**艾耶 1 号式**（Ayer No.1）。这种格式由一个占主导地位的孤立图形占据整个广告 60% ~70% 的空间。[10] 事实上，一些调查表明，在"引人注目"这一项上居前三位的广告，平均有 82% 的空间都分配给了图形元素。[11] 排名第二的是一张大图片再加两张小图片的那种格式。图形的目的在于引人驻足，激发兴趣，因此，它们的内容必须有趣。

我们在下一节将会讲到，标题也可以引人注目，而且，实际上在长期记忆方面比图形的作用更大。[12] 作为一种设计元素，标题所占的整个空间通常不宜超过整个广告空间的 10%~15%，因此字体不必太大。标题既可以安排在图形的上方，也可以在下方，视具体情况而定。不过，如果标题安排在图形的下方，广告的阅读率一般会提高 10%。[13] 这是因为人们在阅读时，眼睛通常按照 Z 字形路线运动，它会首先看到图片，然后是标题，然后是文案，最后是签名。广告在不打破这种自然惯性时效果最好。

调查还显示，如果广告中的单词超过 50 个，阅读率就会大大下降。因此，为了吸引大批读者，文案部分所占的版面最好不要超过整个广告的 20%。不过，对于许多高关注度的产品，你讲得越多，就卖得越多。如果目标就是推销，那么就应该采用信息丰富的正文。如果广告主关心阅读的质量胜于数量，那么，只要恰如其分，长文案同样也可以发挥良好的作用。[14]

最后一点，绝大多数看广告的人也希望知道谁是广告主，但企业签名或标志不必采用过大的字体，不要超过广告版面的 5%~10%。签名和标志应该放在右下角或横跨广告底部，这种布局效果最好。

广告作家罗伊·保罗·纳尔逊（Roy Paul Nelson）指出，设计原则之于布局美工就如同语法规则之于作家。设计的基本原则包括以下几条：

- 设计必须平衡。
- 广告的空间分配应该比例协调、赏心悦目。
- 指示性格式应该明白无误，这样读者才会明白阅读的顺序。
- 应该用某种力量将整个广告融为一体，表现统一。
- 突出广告的某一元素或某一部分，使之占据整个广告的主导地位。[15]

图形在印刷广告中的应用

负责绘制、描画广告图画的人被称做**插图画家**（illustrator）；而用照相机制作照片的人则被称做**摄影师**（photographer）。两者共同负责广告所有**图形部分**（visual）的制作。

图形的功能

在遇到一幅印刷广告时，大多数读者首先看见图片，接着阅读标题，然后追索正文，他们通常以这种顺序阅读印刷广告。既然广告图形对一条广告的成功与否担负着如此重任，那么，在设计时就应该牢记一些目标，尤其是以下这几条：

- 抓住读者的注意力。
- 表明文案做出的承诺。

采用标准招贴式风格的
广告通常比其他布局形
式的广告更能吸引读者
的目光。德国这家复印
店风趣的广告表明，他
们不仅擅长黑白复印，
还擅长彩色复印。

- 标明广告对象。

- 展示产品在实际使用当中的情景。

- 通过抓住恰当的潜在对象的注意力，留住自己的读者。

- 协助说服读者相信文案承诺的真实性。

- 激起读者对标题的兴趣。

- 突出产品的独有特征。

- 为产品或广告主创造有利形象。

- 在每条广告中都采用统一的图形，保持广告的前后连贯。[16]

确定图形的首要中心

花旗银行的广告采用了巨大而单一的图片，充分展示了信用卡的使用环境而非信用卡本身。这种视觉元素抓住了一种情绪，制造了一种感觉，为消费者感受产品创造了一个背景。

为广告图形选择中心是创意过程的重要一步，它往往决定着大创意实施的好坏。印刷广告经常采用许多标准主题作为广告的图形，包括：

1. 含有产品的包装。这对包装商品尤为重要，有利于消费者在同类商品中辨别本产品。

2. 孤立的产品。这通常对散装商品效果不好。

3. 使用中的产品。汽车广告通常一边演示使用中的汽车，一边大谈其平稳、豪华、便于操作或经济实惠的特点。化妆品广告则惯常用漂亮女性或阳刚男性的近镜头照片表现使用中的产品。

4. 产品使用方法。介绍食品新用途的烹调广告向来阅读率较高。

5. 产品特征。计算机软件广告常常表现监视屏，以便让读者看到软件的特征。

6. 产品比较。广告主将自己的产品与对手的产品并列摆放，同时比较各自的重要特点。

7. 用户利益。描绘无形的用户利益比较困难，不过，生产厂家都知道，吸引消费者注意的最佳方法是向

Axe 香体喷雾的广告获得了戛纳广告节银狮奖，它通过视觉元素和标题，对男性的双面性展开诉求。它平易搞笑——运用幽默元素的广告往往让人记忆更深刻。

他们展示产品将给他们带来的某种好处，因此值得创意人员多付出辛苦。

8. 幽默。如果运用得当，幽默的图形可以给人留下愉快而持久的印象；但如果使用不当，就有可能破坏广告的可信度。

9. 证言。产品使用前、后的效果比较和推荐，对减肥产品、护肤品或形体训练这类产品相当有效。

10. 反面诉求。有时，视觉元素指出，如果不使用该产品结果会怎样。如果运用得法，这种诉求可以引起读者的兴趣。

图形的选择

一般在概念具体化这个环节决定选用哪类照片，但图形往往要等到美术指导或设计师真正将广告布局展开之时才能决定下来。

选择适当的照片或图片是一项艰难的创意工作，美术指导必须解决一些基本问题。例如，并非每一条广告都必须依靠图片才能进行有效的传播，有些全是文字的广告也颇有说服力。如果美术指导认为广告必须有图片不可，那么又应该用几个：一个、两个或者更多？图片应该采用彩色还是黑白？这些决定事关预算决策。

因此，美术指导必须决定图片的主题，应该用前面提到的某一个标准主题吗？或者再加点别的东西？那个主题与广告主的创意战略关联性如何？美术指导还必须决定如何创作图片，用手绘的插图好呢，还是照片好？电脑制作的插图又怎么样？

最后一点，美术指导还必须清楚自己要考虑的技术问题和资金问题。面对多种可能性，做出正确的选择显然不是一件轻而易举的事情。在第 3

:: 美术指导的版面布局指南

美术指导通常会运用多种不同的布局。为了给虚构的皇家游船公司（Imperial Cruise Lines）创作一条广告，加州的市场设计公司（Market Design）主席兼创意总监汤姆·迈克尔（Tom Michael）首先用各种不同的布局和标题准备了一系列草图，以便判断哪个创意效果最好。

请注意每一条广告中的文案是如何通过潦草的线条来表示文字的。计算机程序美术指导经常用这种速写来表现各种布局，业内称这些程序为"greek"。

● 请研究各种不同的布局图，讨论每一种的优劣。你认为哪一种比较适合皇家游船航线？为什么？你还能想到其他别的布局图吗？文案又应该怎么写？

方框图片式布局——"为阿拉斯加的美景热身"又称为海报式布局，请注意孤立的大图案占据了广告三分之二的版面。标题和文案被安排在"方框"的上方或下方。

蒙德里安几何布局——"阿拉斯加，家庭娱乐最后的领地" 因荷兰画家皮埃特·蒙德里安（Piet Mondrian，以抽象几何图案等为特点。——译者注）而得名，蒙德里安式布局采用一系列水平线、垂直线、长方形和事先画好格子的四方形等，将广告分成几何构图。

Come and join us for the cruise of a lifetime

Picture Yourself Here

Seven silly seasick sailors sailed the seven seas. Searching several South Seas isles, the seeking salts did spy, seven sweet and spicy Sirens singing lullabies. Seven silly seasick sailors stuck aboard their ship. Sitting sorely on the spars, swabby Sean did sob, smashing on the stony shore was not an ideal job. Seven silly seasick sailors sailed the seven seas. Searching several South Seas isles, the seeking salts did spy, seven sweet and spicy Sirens singing lullabies. Seven silly seasick sailors stuck aboard their ship. Sitting sorely on the spars, swabby Sean did

Imperial Cruise Lines

花哨式布局——"在此留影" 运用多种图案、大号字体、反白、斜体或者其他噱头使广告富于活力、充满情趣。

Come and join us

GUARANTEED TO DISRUPT YOUR BIOLOGICAL CLOCK

Seven silly seasick sailors sailed the seven seas. Searching several South Seas isles, the seeking salts did spy, seven sweet and spicy Sirens singing lullabies. Seven silly seasick sailors stuck aboard their ship. Sitting sorely on the spars, swabby Sean did sob, smashing on the stony shore was not an ideal job. Seven silly seasick

Imperial Cruise Lines

图绕文字式布局——"保证干扰您的生物钟" 文案四周围以图案，或在某些情况下，图案四周围以文案。

Come and join us for a romantic cruise of a lifetime

Seven silly seasick sailors sailed the seven seas. Searching several South Seas isles, the seeking salts did spy, seven sweet and spicy Sirens singing lullabies. Seven silly seasick sailors stuck aboard their ship. Sitting sorely on the spars, swabby Sean did sob, smashing on the stony shore was not an ideal job. Seven silly seasick sailors sailed the seven seas. Searching several South Seas isles, the seeking salts did spy, seven sweet and spicy Sirens singing lullabies. Seven silly seasick sailors stuck aboard their ship. Sitting sorely on the spars, swabby Sean did sob, smashing on the stony shore was not an ideal job. Seven silly seasick

GET ROCKED TO SLEEP ON OUR WATER BED

seven seas. Searching several South Seas isles, the seeking salts did spy, seven sweet and spicy Sirens singing lullabies. Seven silly seasick sailors stuck aboard their ship. Sitting sorely on the spars, swabby Sean did sob, smashing on the stony shore was not an ideal job. Seven silly seasick sailors sailed the seven seas. Searching several South Seas isles, the seeking salts did spy, seven sweet and spicy Sirens singing lullabies. Seven silly seasick sailors stuck aboard their ship. Sitting sorely on the spars, swabby Sean did sob, smashing on the stony shore was not an ideal job. Seven silly seasick sailors sailed the seven seas. Searching several South Seas isles, the seeking salts did spy, seven sweet and spicy Sirens singing lullabies. Seven silly seasick sailors sailed the seven

Imperial Cruise Lines

密集文案式布局——"在我们的水床上飘飘欲仙" 如果要传递的讯息较多而视觉元素又无法完成任务，则可以运用正文。但标题和副标题必须赋予正文趣味。在这个例子中，长长的正文环绕着标题和图画，增加了视觉趣味。不过，如果将标题安排在正文的上面或下面，效果也同样好。

Seven silly seasick sailors sailed the seven seas. Searching several South Seas isles, the seeking salts did spy, seven sweet and spicy Sirens singing lullabies. Seven silly seasick sailors stuck aboard their ship. Sitting sorely on the spars, swabby Sean did sob, smashing on the stony shore was not an ideal job. Seven silly

seasick sailors sailed the seven seas. Searching several South Seas isles, the seeking salts did spy, seven sweet and spicy Sirens singing lullabies. Seven silly seasick sailors stuck aboard their ship. Sitting sorely on the spars, swabby Sean did sob, smashing on the stony shore was not an ideal job. Seven silly seasick sailors sailed the

蒙太奇式布局——**"整夜开放，欢迎闲逛"** 与花哨式布局相似，蒙太奇布局将多个插图放在一起，通过叠加或覆盖的方式合成一张末稿。

Seven silly seasick sailors sailed the seven seas. Searching several South Seas isles, the seeking salts did spy, seven sweet and spicy Sirens singing lulla-bies. Seven silly sea-sick sailors stuck aboard their ship. Sitting sorely on the spars, swabby Sean did sob,

smashing on the stony shore was not an ideal job. Seven silly seasick sailors sailed the seven seas. Searching several South Seas isles, the seeking salts did spy, seven sweet and spicy Sirens singing lullabies. Seven silly seasick sailors stuck aboard their ship.

Warm up to Alaska

组合式布局——**"为阿拉斯加热身"** 创意往往牵涉到将两个或更多毫不相干的元素组合到一起，形成一个新的元素。设计也是如此。为了使广告更有趣、更具现代气息，美术指导可以将两种或更多种的布局组合起来，形成组合式布局。比如这幅广告，开始是几何式布局，但请注意，在几何布局的中间，文案又像图绕文字式布局那样将标题和标志围了起来。

章，我们将会看到所有这些决策如何在广告成品的制作过程中结合到一起。

印刷广告的文案撰写与格式

现在，我们已经知道了好的设计应该具备的目标与格式。下面，让我们来看一看一些基本的文案撰写格式，看一看美术如何与文案相结合。

在印刷广告中，图像、标题、副标题、正文、广告语、印证、标志和签名是最重要的组成元素。如图表 2-2 所示，文案可以将图像、标题和副标题与创意金字塔的注意环节联系起来（见第 1 章）；副标题和正文的第一段与兴趣环节呼应；正文负责建立信用和欲望；而标志、广告语和签字这

图表 2-2

一条广告是否成功，有赖于其读者是否能注意并理解其讯息。创意金字塔有助于文案人员展示讯息的概念元素。格式元素（标题、副标题、正文、口号等）将文案分解成细节，有利于受众理解讯息。

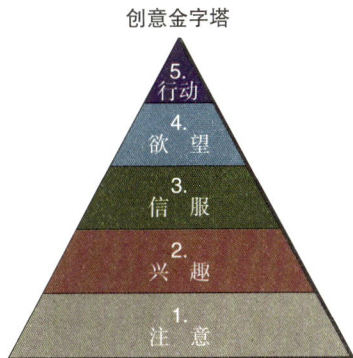

创意金字塔

格式元素

模仿、剽窃还是恭维

当两家企业发布出惊人相似的广告时，这是模仿、剽窃，抑或仅仅是巧合？1999 年 12 月，两家饮料公司开始发布彼此极其相似的电视广告。两家公司的广告(一为 Michelob 轻啤，一为哥伦比亚咖啡)都在超市投放，情节完全相同：店员用力地搬着货物，一看到广告中的产品从传送带上下来，负责包装商品的男孩马上就用泡泡包装袋装好，然后小心翼翼地递给顾客。

广告主和媒介常把"巧合"一词挂在嘴上。《广告时代》的广告评论员鲍勃·加菲尔德（Bob Garfield）说："广告极少剽窃，特别是当广告同时出现的时候。"代理 Michelob 公司和哥伦比亚咖啡的两家广告公司也都同意他的观点。DDB 全球营销公司主席彼得·利·科姆特（Peter le Comte）说："我们把这个当做一次巧合事故一带而过，我认为我们的消费者根本不同，他们发布他们的，我们发布我们的。"

斯蒂芬·伯格森（Stephen Bergerson）是一位在明尼亚波利斯市弗雷德里克森暨拜伦公司（Fredrickson & Byron）专门从事广告与促销法律事务的律师，他对此深表怀疑。他说："当你发现有四五个单词都如此具体、一致，而又同时在同一产品门类中被他人使用时，就应该有所警觉。"但《柑橘县注册报》（Orange County Register）的销售兼营销高级副总裁罗恩·雷德芬（Ron Redfern）却把这种举动称为"巧合的创作，就像当年汽车几周内在法国和美国分别发明一样"。

有些广告人试图说服自己相信被人抄袭是一件很光荣的事，借此来回避这个问题。负责汽车旅馆 6（Motel 6）营销事务的高级主管休·思拉舍（Hugh Thrasher）在谈到自己常遭模仿的汤姆·博德特广告时说："我们认为这些抄袭广告只会让人想起我们创意的原创性。"洛杉矶谢勒克广告（Shalek）公司总裁南希·谢勒克（Nancy Shalek）则坚持认为："如果你从来没被人抄过，那才惨呢。"

但美屋寄公司（Milwaukee）的版权与出版律师埃伦·科扎克（Ellen Kozak）却提醒人们小心这种恭维形式："在借鉴与偷窃之间应当有一个明确的界限，前者是对经典作品的景仰与推崇，而后者无异于对另一位作者劳动成果的偷盗。"

遗憾的是，只要稍作改动，抄袭行为就难以得到证实。而且也很难给抄袭剽窃下一个准确的定义，这使得广告人很难把握分寸。迄今为止，对抄袭多少个字就构成抄袭行为并没有明确的规定，而抄袭不仅表现在文字上，还表现在创意、情节和角色上。1996 年，肯德尔-杰克逊·温讷瑞公司（Kendall-Jackson Winery）就向法院提起诉讼，控告易捷·高乐公司（E&J Gallo）的变色树叶（Turning Leaf）酒商标抄袭了自己的彩色树叶（Colored Leaf）酒商标，诉状指控高乐公司在瓶形、标签和包装设计上有意模仿自己的彩色树叶商标。最近在海外，两家品牌的薯片生产商也卷入了一场类似的战争。

英国超市巨头特易购（Tesco）最近推出了一种炸薯片品牌，名叫诱惑（Temptation），不禁使人联想到其竞争对手沃克的"激动"（Sensation）。两个品牌一直都并排放在货架上，特易购卖 23 便士，比沃克便宜 0.40 美元左右。两种薯片都采用白色包装袋，黑白图案，两者的口味也极其接近。虽然沃克的一位高管马丁·格伦（Martin Glenn）暗示要采取法律行动，但法官对这类诉讼的成功与否却持不同意见。

奥斯本·克拉克（Osborne Clark）的律师尼克·约翰逊（Nick Johnson）同意特易购"也许是受到了（沃克）的启发，但你被另一个品牌所启发并不等于你试图冒充它"。事实上，在英国，要证明谁"冒充"，其标准非常严格，加之沃克本身也曾有过抄袭他人品牌特点的前科，因此这次诉讼胜算的机会并不大。

问题的症结在于，模仿是本行业默许的一种行为，至少私下如此。客户不希望引起争端，也许是因为老掉牙的创意反倒比大胆、原创的构思更让他们放心，许多艺术指导和文案人员也喜欢收集竞争对手的广告来激发自己的灵感。而且广告创作是一个高度合作的过程，很难判定哪一个个体对创作产生了什么影响。正因为个人责任如此不清晰，所以也就很容易让人忽视职业道德。

但偶尔，也会有人在广告创作中越过模仿的界限而构成公然的抄袭。2000年7月，安海斯-布希公司要求黑瑟尔汽车集团（Heiser Automotive Group）停止播放其模仿百威啤酒青蛙的广告。在黑瑟尔的广告中，黑瑟尔在未经安海斯公司同意的情况下模仿百威的广告语，将青蛙的叫声加以修改，变成了"聪明点……买……黑……瑟尔"。安海斯－布希的律师瓦莱丽·本克特·帕西（Valerie Benkert Paci）致函黑瑟尔公司："我们认为黑瑟尔对百威青蛙广告的模仿已经侵犯了联邦和通用法律赋予我们的权利，因此，我们必须要求你们停止使用这些广告。"

由于创意不受版权法的保护，因而，即便是明目张胆的侵权案件有时也难以取胜，而广告的创作是一种创意行为。按广告法顾问菲利普·科克斯（Philip Circus）对伦敦报纸协会的说法，"没有几个创意是原创的"，"抄袭就是广告游戏的代名词，只不过是通过一种有用的方式重复利用创意而已。"

这就是某些广告界领袖热切呼吁个人道德准则的原因。DMH MacGuffin公司执行制作人吉姆·戈尔登（Jim Golden）说："我们在这个事业中所拥有的就是创造力和创意，一旦有人侵害到这一点，就是动摇我们事业的根基，我们的事业必然走向死亡。"最终，广告人必须停止彼此"借用"创意的做法，更大地发挥自己的创造力。

问 题

1. 某些广告艺术指导声称"独立创作"是产生雷同广告的原因，有这种可能性吗？如果有，那么发布模仿广告是否可以原谅？是否只有创意的原创者才有权使用这个创意？

2. 广告客户是否应该更加关注剽窃广告的道德问题？如果一个客户要求你模仿某一条已经发布过的广告，你会怎么办？

资料来源：Richard A. Posner, "On Plagiarism," *The Atlantic Monthly*, April 2002, Copyright and Plagiarism," Copyright—CopySense, August 1, 2003 (retrieved from http://stellar-one.com/copyrightcopysense/plagiarism.htm); "Grey Rejects Plagiarism Claims," *B&T*, June 19, 2003; "Plagiarism," Screen & Media Studies, May 20, 2004, (retrieved from www.waikato.ac.nz/film/handbook/plagiarism.html); David Greer, "Imitation: The Smartest Form of Flattery" (retrieved from www.businesstoolchest.com/articles/data/20041208051428.shtml); "What Is Plagiarism?" December 5, 2003 (retrieved from http://www.abc.net.au/ediawatch/transcripts/s852818.htm); Hans Kullin, "More Plagiarism in Scandinavian Media," *Media Culpa*, August 2, 2004 (retrieved from www.kullin.net); David Benady, "Crunch Time for Copycats," *Marketing Week*, February 13, 2002, p. 24.

些元素则负责完成行动环节。我们首先探讨这些元素，然后再来看广播广告和电视广告的格式。

标　题

标题（headline）是处于广告首要位置的文字，是读者首先会读到的文字，处于吸引人注意力的位置，这就是为什么标题的字体总是比广告其他部分要大的缘故。

标题的功能

有效的标题会引起注意，吸引受众，说明图像，将受众引向广告正文，表现广告的销售讯息。引起注意的常见做法之一是用大字体书写标题，并让标题占据广告的整个上半部。这种技法吸引人的效果并不亚于醒目的图片或绘画。

标题的另一个功能是迅速吸引读者，向他们提出阅读广告其余部分的理由。如果标题不够直接，读者就有可能把注意力转向另一个事物，忽略这条广告的讯息。[17]

埃瑟酒店（Esser's）的广告很能说明标题如何将读者引向正文。

标题："艾瑟知道。"
正文："曼弗雷德·艾瑟的鼻子最知道好酒……"

标题是广告主向潜在对象传递的最重要的内容，它说明或丰富图像的含义，然后迅速在这个人的心目中确定广告主的地位，无论这位潜在对象是否继续读下去。[18]

理想的标题应该表现广告的全部销售观念。调查显示，阅读标题的人比阅读正文的人平均多 2~4 倍。因此，如果标题没能打动人心，广告主就等于在浪费金钱。[19] 耐克运用美妙的杂志广告和户外广告，只突出一名运动员、标志和朗朗上口的标题"想做就做"（Just do it）。去掉图形，单单标题也可以造成一种气氛，鼓励人们采取行动——购买耐克。标题协助激发人们的认知反应，进而提高品牌认知率和品牌偏好。

传统观点认为，一行的短标题效果最好，不过，如果有两行也还可以接受。许多专家坚信，含有十个或十几个单词的标题阅读率较高。[20] 一项对 2 000 多条广告进行的调查显示，大多数广告标题的长度平均为 8 个单词。[21] 大卫·奥格威说他写得最好的一条标题有 18 个单词："At 60 miles an hour, the loudest noise in the new Rolls-Royce comes from the electric clock."（在时速 60 迈时，新款劳斯莱斯里最大的噪音就是电子表的走动声）。[22] 这条标题已成广告界的经典。

标题应该向读者展现显而易见的利益，便于读者抓住其中心。例如"绝对，隔夜即达"（联邦快递）或"您的潜能，我们的激情"（微软）。[23]

最后，标题还应该表现产品消息，消费者随时都在寻找新产品或老产品的新用途或老产品的革新。只要尚未被同类产品用滥，暗示新颖的"力量型"字眼总会提高广告的阅读率，增强广告的"轰动"效果，只要情况属实，就应当加以利用。[24] 这类字眼包括：免费、现在、令人惊叹、突然、宣告、介绍、在此、改进、终于、革命性的、刚到的、新的、重大进展等。

标题类型

根据不同的广告战略，文案人员会采用不同形式的广告标题，通常他们会选择最能体现大创意的标题。按传递信息的形式，标题可以划分为：

火曼头盔（Fulmer）的这条行业对行业广告引导着受众经历了创意金字塔所描述的所有五个环节。大胆的色彩和迷人的设计帮助将受众的注意力引向广告，头盔的正面指向正文，而正文则针对所有自行车零售商的利益需求：能帮助他们获得利润的产品线。由于《动力运动业》（*Powersports Business*）公布的评分说火曼头盔是经销商所能销的货品中利润最大的，因此该承诺的可信度比较好建立。你能辨认出设计师用来完成欲望环节和行动环节的那些广告元素吗？

利益式、新闻/信息式、启发式、疑问式和命令式。

广告主利用**利益式标题**（benefit headline）向受众许诺：如果使用某产品或服务，便会得到某种利益。利益式标题不应显得过于精明，只需对产品最重要的利益进行简单说明即可。[25] 以下为两例优秀的利益式标题：

高弹丝纤维

无论天上掉什么　　　　和　　30天内学会外语

都令你温暖而干爽　　　　　　否则退款

注意上述两个标题都侧重于突出使用产品所带来的利益，和非产品本身的特点。[26]

新闻/信息式标题（news/information headline）宣布新闻或提供信息，海洋世界用"它是女孩"这个标题来启动其新生鲸鱼的电视广告宣传。信息必须可信，像宣称某剃须刀"刮起来200%顺滑"这样的标题就无法使人相信。[27]

文案人员运用**启发式标题**（provocative headline）引起读者的好奇心，进而引起读者的疑问和思考。例如，乐事薯片的"贝查无法只吃一片"。读者如果想了解更多，就必须继续阅读正文。当然，他们也有可能就此打住，不再继续往下读。为了杜绝这种情况，创意小组设计出图形来进一步阐明讯息或进行情节性诉求。

疑问式标题（question headline）提出问题，鼓励读者在广告正文中寻找答案。4day轮胎店的一条广告问道："为什么我们的轮胎用户比别人更精明、更富裕？"优秀的疑问式标题会激起读者的好奇心和想象力。但如

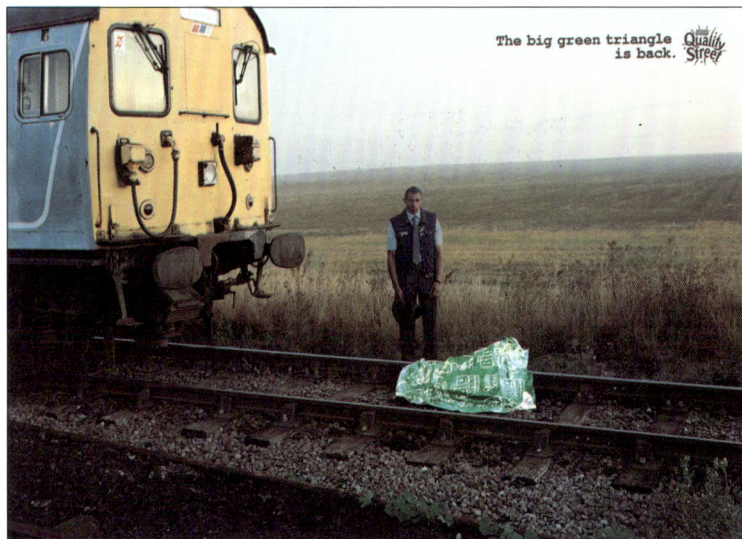

这条新闻式标题发挥以下功能：引起注意，吸引受众，解释图像，将读者引向正文，表现销售讯息。这个温馨、轻松的广告包装与品质街（Quality Street）公司的盒装巧克力非常匹配。系列广告中的每一条都是一只亮闪闪、大于实际体积的糖果包装，在世俗背景的陪衬下闪亮登场。该系列广告因成功地运用了经典的英式幽默来推广传统的英国巧克力而赢得了戛纳广告节银狮奖。

果标题提出的问题让读者很快就能做出回答（或者更糟的是，做出否定回答），广告的其余部分就有可能被读者一晃而过。设想一下这样的标题："你想买保险吗？"读者回答说："不"，然后翻过这一页。[28]

　　命令式标题（command headline）命令读者采取一定的行动，因此有可能显得生硬，但读者对这类标题倒比较注意。雪碧用"听从您的渴望"（Obey your thirst）这个有点嬉皮的标题来瞄准青年人。而有些命令式标题则提出请求："请别拧挤佳美"（Charmin，一种卫生纸品牌）。

　　许多标题类型可以合并使用，但标题类型不像标题的运用方式那么重要。文案人员必须始终为受众的愉悦而非自己的愉悦而写作。[29]

副标题　　副标题（subhead）是附加的小标题，既可以安排在标题上方，也可以安排在下方。位于标题上方的副标题被称做**肩题**（kicker）或**引题**（overline），视觉幽默和启发式标题很难结合，但是如果处理得当，就能保证广告引起共鸣。这条简单但又有效的广告宣传了泰国特易购易初莲花超市中海产品的新鲜程度。该广告在戛纳广告节上赢得了铜狮奖。看到如此简短的广告，你就该明白一幅图画能抵得上998个单词的道理了。

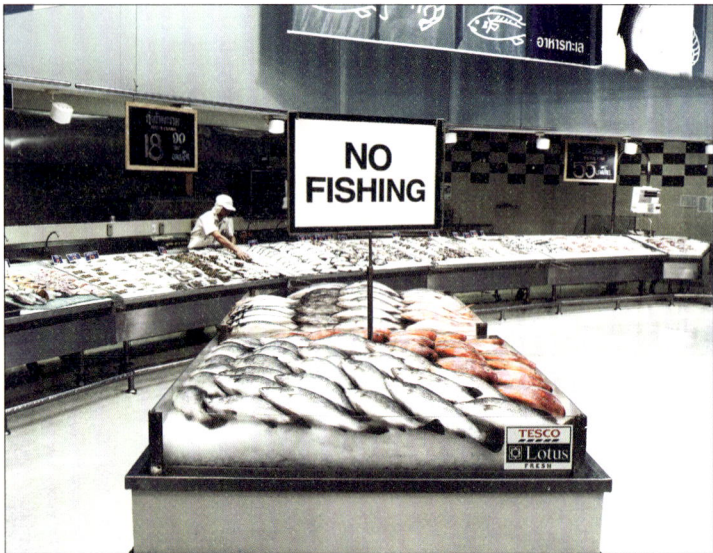

常常在下面划线，副标题有时也会出现在正文当中。

副标题的字号一般比标题小，但比正文大，常以**黑体**（boldface）或**斜体**（italic）的形式出现，或采用不同的色彩。同标题一样，副标题也可以迅速传递关键销售点，但传递的信息不如标题那么重要。副标题也很重要，原因有两个：大多数人只看标题和副标题，副标题往往最能支持兴趣环节。

副标题稍长一些，与标题相比更像完整的句子，它们是从标题向正文过渡的阶石，起着承上启下的作用。[30]

正　文　广告主在**正文**（body copy 或 text）中传达全部销售信息。正文由兴趣、信服、欲望，甚至行动这几个环节组成，是标题和副标题的逻辑延伸。正文的字体通常更小，涉的范围包括产品或服务的特点、利益和用途。

10 位读者中通常只有 1 位看正文，因此，文案人员必须努力引起读者的兴趣，表现产品或服务如何满足顾客的需求。[31] 最好的广告侧重于表现一个大创意或一个清晰的利益。即便是用于印刷媒介的广告，文案人员也应时常高声朗读自己所写的文案，看看听起来是什么感觉，因为耳朵也是有力的文案写作工具。[32]

一些著名专家在对照表"撰写有效的文案"中提出了创作有效文案的一些最佳技法。

正文风格

经验丰富的文案人员为将要展示的大创意寻找最具有销售诉求力的技法和风格。常见的正文风格包括直接推销式、企业形象式、叙述式、对白 / 独白式、图片说明式和技巧式。

在**直接推销式正文**（straight-sell copy）中，文案以客观而直截了当的表现手法，直接说明或展开标题和图形。直接式技法针对潜在顾客的推理能力进行诉求。在本章一开始提到的花旗银行印刷广告中，正文就采用了直接销售的方式来描述他们的服务。虽然欺诈这个话题非常感性化，但正文却通过传达确凿事实和清晰的解决方法让人安心。直接推销式正文一般按产品销售点的重要程度进行简明描述，所以特别适宜于需要人们仔细斟酌或使用难度较大的高关注度产品，尤其适用于直邮广告和工业或高科技产品。在所有的技法中，直接式技法是广告主最常用的一种技法。[33]

广告主还用**企业形象式正文**（institutional copy）来推广某一理念或宣传某一机构（而非产品）的优点。企业形象式正文旨在赋予企业亲切可信的形象。银行、保险公司、公共设施机构和大型生产企业常常在印刷媒介

撰写有效的文案

_____ 迅速切入主题。

_____ 简单明了地突出某一主要观点。

_____ 专心。不要贪多，同时追几只兔子，最终一只也抓不到。

_____ 赋予产品清楚的定位。

_____ 让品牌名称醒目并突出品牌。

_____ 写作时始终牢记消费者的最终利益。

_____ 采用短句。采用人们理解的简单、熟悉的词语和主题。

_____ 不要浪费口舌。只说必须说的，一个字不多，一个字不少。既不画蛇添足，也不遗漏重点。

_____ 避免吹嘘与自吹自擂。站在读者而非你自己的立场写文案，避免"我们"、"我们的"这类字眼。

_____ 不用陈词滥调。虽然很流行，但要尽量学着不用。亮丽、令人惊讶的字眼和句子会让读者感觉良好，从而愿意继续往下看。

_____ 构思奇巧。保持读者的兴奋，确保你的热情贯穿正文。

_____ 运用生动语言。多使用动词和副词。

_____ 使用现在时和主动语态。更利落、更清新。避免使用过去时和被动语态。为特殊效果而不得不用时，也须谨慎。（英语语言环境。——译者注）

_____ 使用人称代词。切记，你的交流对象是一个人，因此，应该像和朋友聊天一样，多用"你"或"你的"。

_____ 使用缩约形式。它们简短、自然、更具人情味。人们的口语都是这种形式（听听你自己讲的话）。

_____ 标点不要过多。这会破坏文案的流畅，过多的逗号是造成这种后果的主要原因。不要给读者提供任何脱离文案的机会。

_____ 高声朗读。听听文案读起来是什么感觉，发现错误。书面语言和口语绝对不同。

_____ 修改与锤炼。毫不留情地删减，讲清你要讲的事情，但绝不再多。一旦讲完立即打住。

和电子媒介中采用这种技法。不过，大卫·奥格威警告文案人员要避免许多企业形象广告文案中常见的那种"自吹和浮夸之风"。[34]

文案采用**叙述式正文**（narrative copy）来叙述情况。比较理想的叙述式正文会先设定一个情景，然后在最后时刻让产品或服务挺身而出，解决问题。花旗银行的标题"我们也觉得不对劲"将读者拉入对话，然后告诉他们其实公司和他们有同感。叙述式正文还为情感诉求提供了良机。例如，保险公司可以用它来讲述一个人猝死的辛酸故事，所幸的是，这人刚续签了保单。[35]

广告主运用**对白/独白式正文**（dialogue/monolog copy）来弥补叙述式正文有时缺乏的那种可靠性。印刷广告中表现的人物用自己的语言系统进行推销。但要注意，对白式正文如果写得不好，会让人觉得沉闷，甚至虚假。

有时，用插图带说明的形式更容易叙述一个情节，带有**图片说明式正文**（picture-caption copy）的照片尤其适用于具有多种不同用途、款式或设计的产品。

无论采用哪种文案风格，文案都可以运用一定的修辞手法来增强读者的注意、兴趣和记忆。**技巧式正文**（device copy）利用修辞（如双关、头韵、谐音和押韵）、幽默和夸张。语言技巧有助于人们记住品牌，一般会对读者的心理产生有利影响。[36]

如果广告主需要在较短时间内形成较高的记忆度，或者想消除人们对自己的不良印象，或打算为某一大路货创造独特的个性，幽默比较有效。不过，使用幽默必须慎重，而且要注意品位。有些研究人员认为，如果使用不当或用于金融、保险、殡仪这类严谨的服务业，幽默会削弱，甚至损害广告的销售讯息。[37]

正文格式

好的正文关键在于简洁、有序、可信和清晰，或者，像约翰·奥图尔所说的那样，行文应该"清楚、信息含量丰富、有趣、有力、易记、说服读者、有戏剧性、不着痕迹。如此而已"。[38]

文案人员在撰写较长的广告文案时，采用四种基本格式元素：导引段落、虽然维珍的这条信用卡广告采用了标准的招贴式格式，但其标题肯定能抓住读者的眼球。该广告同时照顾到了信息性、讽刺性和品牌个性，因而获得了戛纳广告节金狮奖。通过"之前之后"照片的对比，维珍的信用卡广告活动有效地瞄准了已知的市场细分——对墨守陈规的表现手法毫无兴趣的人群。

内容段落、收尾和结尾。

导引段落　　导引段落（lead-in paragraph）是连接标题和正文所表现的销售创意之间的桥梁。如同副标题一样，导引段落属于兴趣环节，因而必须吸引读者并将读者的阅读兴趣导向对产品的兴趣。

内容段落　　内容段落（interior paragraph）为许诺和保证提供证明，建立广告的可信度，通过语言启发读者的想象力，刺激读者的欲望。广告主应该借助调查数据、证言和担保来支持自己的产品承诺。这类证明有利于广告主避免代价高昂的法律纠纷，能说服消费者确信产品真实可靠，增强对广

派克钢笔的这幅广告采
用了简练的文案和简单
的图形，但却非常有效。
该广告获得了戛纳广告
节铜狮奖。你认为其成
功的关键是什么？

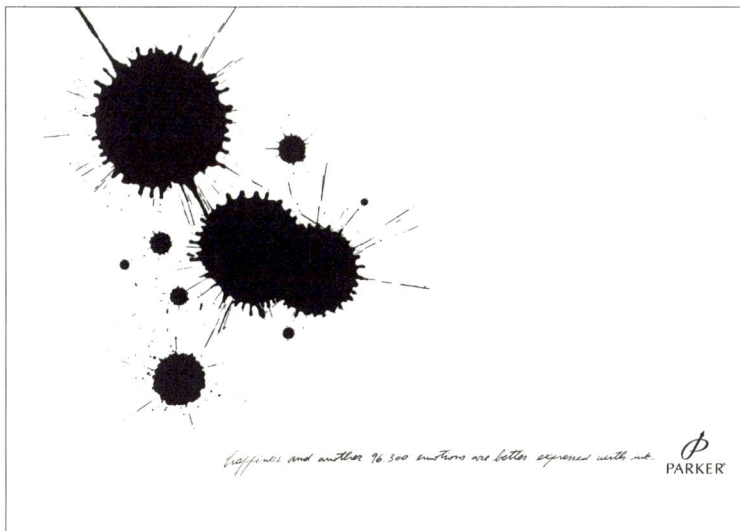

happiness and another 96 300 emotions are better expressed with ink.
PARKER

告主的好感，最终刺激销售。

收　尾　收尾（trial close）交织在内容段落之中，建议读者现在就采取行
动。好的文案会不止一次要求读者行动，邮购广告则会多次向读者提出要求。
消费者往往尚未看完全部正文就已做出了购买决策。收尾为他们早做决定
提供了机会。

结　尾　结尾（close）属于真正的行动环节，好的结尾鼓励消费者采取一
定的行动，并告诉他们行动方法。可以直接结尾，也可以间接结尾（不着
痕迹的建议或直接命令）。直接结尾导致的反馈形式应该是消费者的购买、
光顾店铺、访问网站或查询详情。

　　结尾应简化受众的反应程序，便于他们订购商品、索取信息或光顾陈

列室或网站，有些还会附上回执卡或免费电话号码。

　　当然，并非所有的广告都会推销产品或服务，有些广告主也许希望人们改变态度，或解释自己的观点；也有的广告主是为了拉选票。现在，广告主可以通过提供网址的做法，让那些感兴趣的读者以自己乐意的方式查询更多的信息。

广告语　　许多广告语（slogan）——又叫主题句（themeline）或标题句（tagline）——源自成功的标题，如美国电话电报公司的"伸出手，联亲友"。经过持续不断的运用，广告语变成了一种统一的声明，不仅在广告中使用，也供销售人员和员工使用。

　　广告语有两种基本功能：（1）使系列广告保持一致性；（2）将广告讯息战略压缩成精练的、便于重复、便于记忆的定位声明。例如 Wheaties 麦片就将自己定位为"冠军的早餐"，而戴比尔斯的广告至今仍在沿用其著名的广告语"钻石恒久远，一颗永流传"。但按照《华尔街日报》一篇文章的说法，美乐淡啤酒老套的"此是此，彼是彼"广告语简直"差劲透顶"，缺乏创意、没有创新，缺少让广告语羽毛长丰的能力，所以很快就夭折了。[39]

证章、标志
和签名　　只有当产品符合某一特定组织——如有机作物改良协会（Organic Crop Improvement Association）、好管家协会（Good Housekeeping Institute）、保险商研究室（Underwriters Laboratories）或家长研究所（Parents Institute）——制定的标准时，才能获得认证证章（seal）。由于这些组织都是公认的权威机构，因而他们颁发的证章为广告主的产品起到了独立而又有价值的推荐作用。

标志（logotype 或 logo）和**签名**（signature cut 或 sig cut）是广告主的公司或产品名称的一种特殊设计，会在所有企业广告中出现，就像商标，它们使产品独具个性，并能在销售点迅速被人识别。

**电子媒介的
文案撰写**

对于电子媒介，创意金字塔中提到的五个基本步骤仍然是最主要的创作依据，只是文案的写作格式有所不同。广播和电视广告文案人员要准备脚本和故事板。

广播文案的撰写

脚本（script）类似于一个双栏目录，客户名称及所有音效和音乐描述垂直排列在左栏，右边一栏是对白，行话称之为**音频**（audio）。

文案首先要把广播理解为一种媒介，广播为听众提供娱乐或新闻节目，但听众同时又在忙着干其他事情：开车、洗碗、看报，甚至学习。为了让听众听见，广告讯息必须做到悦耳、有趣、令人难忘。广播听众通常在 5~8 秒内决定是否继续收听这个节目。因此，为了抓住并保持听众（尤其是那些尚未对某一类产品产生兴趣的听众）的兴趣，广播广告文案必须带点强制性。

强硬，行；但讨厌，不行。如果用词不当，或带有讨厌的噪音（如汽车喇叭声、闹钟声、刺耳的刹车声）或听起来过于怪异、唐突或愚笨的人物来吸引听众，都有可能引起听众的反感，最终失去销售机会。汤姆·博德特（Tom Bodett）为汽车旅馆 6（Motel 6）创作的著名广告充分显示了人性化、轻松和自然风格的奇效。创作有效广播广告的另一些技法请参见对照表：创作有效的广播广告。

广播广告最困难的一点在于如何控制脚本长度，使它完全符合时间安广播脚本的格式很像一个双栏目录，客户名称及音效写在左栏，对白写在右栏，占的地方宽一点。这条全国性公益广告是麦肯广告公司创作的系列广告之一，呼吁美国国民为更健康的生活方式而做出小小的努力。

Healthier America
Lost Campaign
Radio: 60
"Neighbor"
Expiration date: 2/23/05

SFX: Phone ringing

Bill:	Hello...?
George:	Hi, Bill? This is George Dewey from up the street.
Bill:	Hey, George. How ya doin?
George:	Good, good. Say, I noticed you've been walking to work these days instead of driving...and I, uh, don't quite know how to say this, but...but...
Bill:	But what?
George: (stammering)	But...But...Your butt, your buttocks, your butt—I think I found your butt on my front lawn. Have you recently lost it?
Bill:	As a matter of fact, I have, George (pleased) It's about time someone noticed.
George: (playful)	Well, it was kinda hard to miss if you know what I mean......Anyways, would you like it back?
Bill:	Would I like it back? No, not really.
George:	So, it's okay if I throw it out?
Bill:	Sure, that's fine. Take it easy, George.

SFX: Phone ringing

Announcer:	Small step #8—Walk instead of driving whenever you can. It's just one of the many small steps you can take to help you become a healthier, well, you. Get started at www.smallstep.gov and take a small step to get healthy.
Legal:	A public service announcement brought to you by the U.S. Department of Health and Human Services and the Ad Council.

排。不同类型的广告要求不同的播报速度，因此文案人员应大声朗读自己的脚本，看看时间是否够用。借助电子压缩技术，录播广告现在能比直播广告多容纳10%~30%的文字，不过我们仍然可以参考以下的经验性播报速度。

创作有效的广播广告

_____ **让大创意清晰透彻**。突出一个主要卖点。广播适宜建立品牌知名度，但不适宜罗列文案要点或发表长篇大论。

_____ **尽早且不断提及广告主的名字**。如果产品名称或公司名称带有双关意味，应考虑把它拼出来。

_____ **充分铺垫**。30秒的广告如果没被人记住，钱就等于白花了。与其这样，不如试试60秒的广告。

_____ **运用大家熟悉的音效**。冰块在玻璃杯中清脆的碰撞声、鸟的啾啾声以及关门声都可以在听众心目中产生视觉形象。音乐的含义如果清楚，也可以发挥同样的功效。

_____ **用语言描绘画面**。采用描述性语言使广告更易于记忆。

_____ **让每个字都发挥作用**。使用主动语态，多用动词，少用形容词，口语化，采用朗朗上口的字眼和短小精干的句子。

_____ **语出惊人**。最优秀的滑稽广告以全然荒唐的前提开始，但随后的展开却很有逻辑性。记住，如果没有能力处理好幽默，那么，宁可采用故事情节。

_____ **引发行动**。努力让听众采取行动。

_____ **牢记广播是地方性媒介**。让自己的广告适应听众的语言和他们的生物钟。

_____ **表演作用极大**。即便是最好的脚本，写在纸上也显得枯燥乏味。适当的语言表演、语速控制、俏皮话和音响效果都可以使表演生动活泼。

10秒：20~25个单词　　30秒：60~70个单词

20秒：40~45个单词　　60秒：130~150个单词[40]

广播广告的用词要求比其他类型的文案更清楚，比如说，听众不可能像看印刷广告那样再返回去辨认某个代词的先行词，而且英文词汇中有那么多同音词，稍不留神就会造成歧义（如 who's who is whose）。[41]

电视文案的撰写　广播广告采用的双栏式脚本格式同样适用于电视文案的写作，只不过电视脚本将左栏换成了"视频"，将右栏换成了"音频"。视频这边描述图像与制作：拍摄角度、表演、场景、舞台指导等；音频这边说明配音文案、音效及配乐。

创作有效的电视广告

____ **从结尾开始**。将重心放在广告将给人留下的最终印象上。

____ **设置引人入胜的开场**。令人耳目一新或充满动感、戏剧情节、幽默或人类情趣的开头能为广告的展开打下良好的基础，使广告的其余部分顺利过渡。

____ **利用在销售中自然发生的情景**。避免使用容易使人分心的噱头，要方便观众辨别形象。

____ **形象是产品的生动象征**。形象应当打动人心、令人信服，不抢产品的风头；最重要的是，切题。

____ **简单**。创意的脉络应该清晰可循，尽量减少广告动用的元素数量。

____ **写出精确的音频文案**。视频部分应该占最大比重，播音速度以每秒不超过两个单词为宜。对于 60 秒的电视广告，101~110 个单词效果最佳，超过 170 个单词则显得话过多。

____ **让表现稍带夸张，但要可信**。广告表现应该永远真实，要避免给人玩弄拍摄技巧的感觉。

____ **让语言演绎画面，并为观众进入下一个场景提供心理准备**。采用会话式语言，避免"广告腔"、欺诈和夸大其辞。

____ **每个场景平均时长 5~6 秒**。一个场景的持续时间尽量不要少于 3 秒，应当有各种动态，但不要让观众有镜头"跳跃"的感觉。

____ **保持视频呈现的活力与清新**。

电视广告必须可信、切题，哪怕是滑稽搞笑的广告也必须显示出创作水准与制作水准，显露出产品的质量。虽然艺术指导的工作非常重要，但广告的基调一般由文案人员来落实。他们决定使用什么样的语言，再由语言来决定采用什么图像，何时出现图像。调查显示，"创作有效的电视广告"对照表中所列的创作技法效果最好。

为了更好地说明这些原理，让我们来看看下面这条电视广告。许多人都渴望一身光洁、柔嫩的肌肤，把身体上出现的任何一块粗糙干裂的皮肤都当作令人郁闷的事情。如果你是露保丽丹（Lubriderm）润肤露广告的文案人员，你如何处理这一令人棘手的题材？

智威汤逊广告公司的创作人员为露保丽丹找到了一个颇具艺术性的表现途径——用鳄鱼作为大创意。鳄鱼鳞状的外皮象征粗糙、干裂的皮肤。鳄鱼的出现立即激发了人们的求生本能，使他们很快注意到了广告。一位有着顺滑、细腻肌肤的漂亮成熟女性正坐在一张躺椅上，对爬过身边的鳄鱼全然无动于衷。动物一摇一晃的背部和尾巴正好与背景中两件简单家具优雅的曲线相吻合，而其缓慢的步态则与轻爵士乐的节拍一致。

这条广告用引人注目的大创意开场，在视觉上产生震惊、刺激、夸张、有趣的感觉。而且，这本身也是一种半展示：我们看见鳄鱼鳞状、扎手的外皮、女人的自信以及在鳄鱼经过时愿意摸它一下的举动。所有这些都象征着露保丽丹能带给消费者的自信。

这条广告也符合创意金字塔的原则：首先，鳄鱼从视觉上抓住人们的注意力；与此同时，旁白的第一串字则充当醒目的标题："迅速修复"，迫使我们听下去并进一步引起我们对下文的兴趣；它许诺"露保丽丹，含有丰富保湿因子，治疗并保护你干燥的肌肤"；接下来展开信用环节："记住，为皮肤科医师设计的这种润肤露,能有效修复您的肌肤"；接着,迅速收尾(行动)："露保丽丹"；然后，欲望环节再次提起产品的主要利益并稍加一丝幽默："再见，鳄鱼。"

艺术元素在广播广告和电视广告中的作用

根据《广告时代》专栏作家鲍勃·加菲尔德的评判，1997 年度世界最佳电视广告奖应该授予巴塞罗那帝威柯·贝茨广告公司（Delvico Bates）为精华（Escencial）护手霜做的一条广告。广告一开始，一名女性骑着一辆车链没打油、嘎吱响个不停的自行车，然后，她下车，打开一瓶精华，在车链上抹了一些护手霜，然后上车骑走了——但车链仍旧嘎吱响个不停。为

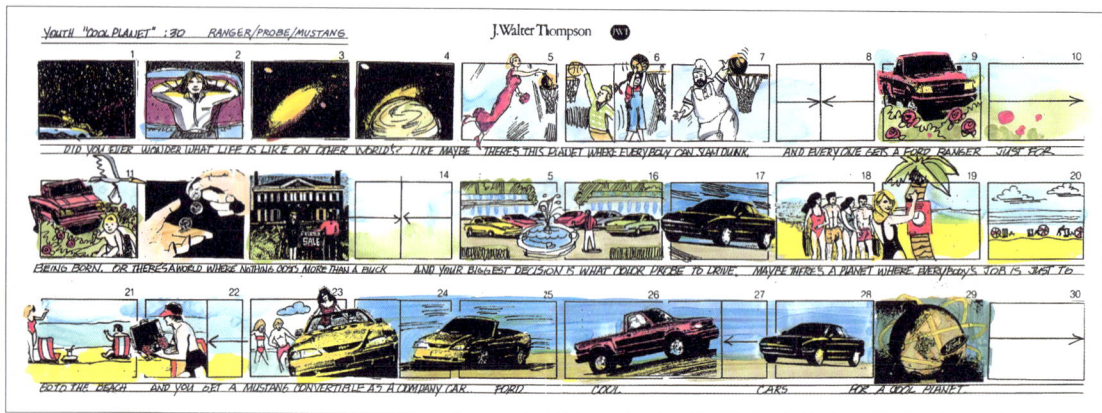

在完成电视广告的初步构思之后，创意人员画出由小幅速写构成的故事板草图，说明广告的各个场景。故事板草图包括拍摄角度和脚本，常在制作阶段给各场景的拍摄充当视觉指导。

什么会这样？这是因为像旁白说的那样："精华保湿，不含油脂。"

没有大制作、没有数字特技、没有欢快的音乐、没有名人、没有滑稽搞笑，全凭广告创意：出现问题、解决问题，但这个品牌显然没能解决问题，借该品牌所不具备的一些特质表现产品，活灵活现、机智诙谐、美妙绝伦。[42]

广告艺术构思的形成

构思广播广告或电视广告与构思印刷广告并无多大的差别：第一步是明确大创意，然后，美术指导和文案必须决定采用哪种广告格式，是否应该让名人来体现讯息？或者，是否可以通过半虚构的故事来突出产品的利益（或缺陷）？下一步是撰写脚本，其中必须包含起码的文案或对白，并提出对音乐、音效以及拍摄镜头的基本要求。

无论是在广播广告还是电视广告的创作过程中，美术指导都要协助文案人员设计构思脚本，不过，电视的艺术体现要广泛得多。借助电视脚本，美术指导创作出一系列**故事板草图**（storyboard rough）来表现广告的艺术手法、动作顺序以及风格。故事板得到认可后，便可以在然后的制作阶段充当指导方针。

表演出色固然很关键，但最重要的还是表演是否与产品相符。广告公司绝不会用滑稽喜剧式的情节来推销金融产品或殡葬服务。虽然迈克尔·乔丹成功地为耐克、家得乐和麦当劳扮演过代言人，但一些专家仍然不相信名人就一定能保证广告的成功，例如，大卫·奥格威就认为观众对广告中明星的记忆会超过对产品本身的记忆。[43] 随着构思的进一步展开，创意小组用详细的书面**表演纲要**（casting brief）来规定角色的性格，当演员试验角色时，这些描述将在表演过程中发挥指导作用。有时，广告公司也会发现一些不为人知的新星，他们对角色的演绎可信而令人难忘，其表演已经超越了单纯地塑造产品个性或形象。

广播广告和电视广告的格式

和印刷广告差不多，广播广告的格式就像模板一样，发挥着指导讯息要素安排的功能，在美术指导和文案人员确定好大创意之后，他们必须决定采用哪种广告格式。

许多广播、电视广告风格都非常成功，其中一些选录在广告实验室2-B "广播中行之有效的创意方法"中。凯彻姆广告公司（Ketchum）原总裁汉克·塞登（Hank Seiden）开发出了一套实施频谱——包括24种基本格式，从轻松活泼的到一本正经的（见图表2-3）。我们在此主要阐述八种常用的广播广告或电视广告格式：直截了当式、主持人式、证言式、演示式、音乐式、生活片段式、生活方式式和动画式。

广播中行之有效的创意方法

产品演示 广告向消费者演示产品的使用方法，或产品的用途。

声音魅力 独特的声音会增强广告的魅力。

电子音响 合成音响制作系统能产生令人难忘的产品／音响联系。

顾客访谈 主持人和顾客共同探讨产品自身的优点。

幽默即席采访 以一种轻松的姿态采访顾客。

夸张陈述 夸张可以使平常容易被人忽略的常规性产品承诺引起人们的兴趣，通常采用幽默讽刺的形式。

第四维空间 将空间和事件压缩进一个简要场景中，使之反映听众未来的活动。

抢手货 利用热门事件——如热门节目、表演、歌曲等。

喜剧演员的魅力 著名喜剧演员自有一套独特的风格表演广告，相当于名人推荐。

历史幻想 利用复活的历史人物背景传递产品讯息。

音响画面 易于识别的音响会启发听众的想象力，促使他们参与广告活动。

人口统计因素 特定的音乐或参照物会打动某一特定人口细分群，如某一年龄段或兴趣的人群。

影像移植 利用音乐标志或其他音响巩固人们对电视广告的印象。

名人采访 著名人物以轻松悠闲的姿态推荐产品。

产品歌曲 利用音乐与文字的组合创作音乐标志，以流行音乐的风格推销产品。

剪辑特点 用一连串快速切换将众多不同的场景、人声、各类音乐和音效组合在一起。

即兴发挥 表演者按照规定的情景进行即兴创作，在后期剪辑中进行处理。

实验室应用

1. 选择三条熟悉的广播广告，讨论它们都使用了哪些创意技法。

2. 选择一条熟悉的广播广告，讨论如果换一种创意技法是否能提高该广告的效果。

直截了当式

　　直截了当式（straight announcement）是广播、电视广告中最古老、最简单的一种形式，可能也最容易写，由一个人（多半是电台、电视台的播

图表 2-3

汉克·赛登的实施频谱——24 种印刷广告和电子广告实施格式：从轻松活泼的到一本正经的。

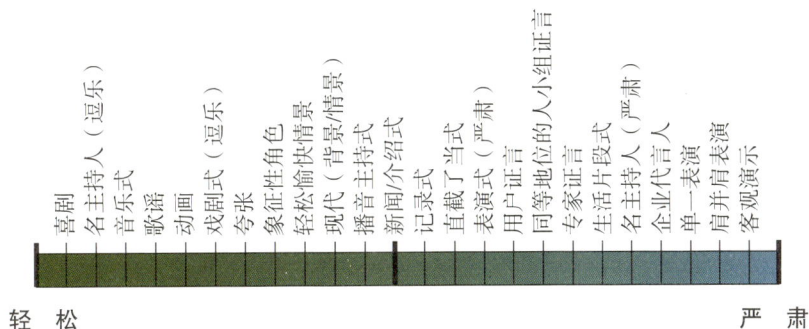

| 营剧 | 名主持人（逗乐） | 音乐式 | 歌谣 | 动画 | 戏剧式（逗乐） | 夸张 | 象征性角色 | 轻松愉快情景 | 现代（背景/情景） | 播音主持式 | 新闻介绍式 | 记录式 | 直截了当式（严肃） | 表演式（严肃） | 用户证言 | 同等地位的人小组证言 | 专家证言 | 生活片段式 | 名主持人（严肃） | 企业代言人 | 单一表演 | 肩并肩表演 | 客观演示 |

轻松   严肃

音员）播送销售讯息，可能配有背景音乐。直截了当式之所以较为流行，是因为它几乎适用于所有的产品或条件。在广播中，直截了当式广告还可以设计成**整合广告**（integrated commercial），即可以与某一节目穿插或针对指定节目专门制作。

在电视广告中，播音员既可以**出镜**（on camera），也可以不出镜头而作为**旁白**（voice-over）来传递销售讯息，与此同时，演示、幻灯或电影影像则出现在屏幕上。如果脚本设计精心，播音员又显得具有说服力，那么，直截了当式广告也会产生非常好的效果。由于这种广告形式不要求精密的制作设备，因此可以大大节省资金。

地方性广告主、非营利机构和政治团体经常在午夜电视节目中采用直截了当式广告。

主持人式

主持人式广告（presenter commercial）用一个人或角色来表现产品，传递销售讯息。有些主持人是名人，比如凯瑟琳·泽塔·琼斯（Catherine

Zeta-Jones）为 T- 移动（T-Mobile）代言的手机广告；有些是广告主一方的高层管理人员，如小威廉·克莱·福特（William Clay Ford Jr.）；还有一些可能由演员扮演，如孤独的修理工梅塔格（Maytag）。当然，无论采用什么人物，主持人都不一定非要真人不可，还记得老虎托尼吗？

广播名人（radio personality）——如拉什·林博和霍华德·斯特恩（Howard Stern）——以其独特的个人风格和即兴表演为广告讯息增添活力。如果运用得当，这类广告会非常成功，就像思乐宝广告初战告捷所显示的那样。不过，这样一来，广告主就等于把控制权拱手交给了这个名人。这么做最大的风险是，这个"名人"有可能出于无意而在广告外批评自己所宣传的产品。即便如此，这种技法有时也会给诉求平添几分真实性。通常，"名人"拿着已标出产品特点、重点、句子或企业广告语的脚本，不断重复，但他们在播音时可以选择具体的措辞和语气。

证言式

真实的**证言**（testimonial）借心满意足的用户告诉受众产品有多么好，无论是在电视广告还是广播广告中，这种广告的可信度都比较高。名人当然能引人注目，但他们必须令人信服，且不得喧宾夺主，削弱产品。实际上，各行各业的人都可以扮演推荐人的角色，无论是著名人物，还是无名小卒，或非专业人士。至于采用哪种类型的人充当推荐人，这要视产品的属性和广告战略而定，满意的用户是最好的证言人，因为他们的真诚最具有说服力。奥格威建议在被拍摄对象毫无察觉情况下拍摄证言。[44] 当然，在使用前必须征得他们的同意。

演示式

电视特别适宜用来进行视觉演示，**演示**（demonstration）比口头讯息能更快更好他说服公众。因此，在电视广告中不要滔滔不绝，而要演示给观众看。[45] 自然，电视比广播也更容易演示产品。不过，也有不少广告主利用广播的想象属性成功地进行了幽默、诙谐的演示。

演示式广告可以演示产品的使用状态、竞争状态或使用前后的状态，这些技法有助于观众直接看到产品具有什么性能。

音乐式

音乐式广告（musical commercial）又叫**歌谣式**（jingle），我们从广播和电视中听到的音乐式广告既有最优秀的，也有最烂的。如果处理得好，音乐式广告可以带来巨大的成功，甚至超过普通的非音乐式广告。但处理得不好，则不仅会浪费广告主的预算，还会让受众反感，更不要说取信于他们了。

音乐式广告有几种形式：可以将整个讯息编成歌；可以在歌谣中间穿插**念白**（donut）；还可以编排用合唱表演交响乐式或流行歌曲式。许多广告创作者采用统一的音乐主题作为背景或广告结尾。皇家加勒比海游轮的广告就采用了朋克之父伊基·波普（Iggy Pop）的"渴望生活"这首歌，我们将其称为**音乐标志**（musical logo）。在广告主的主题多次重复之后，听众便会把音乐标志与产品自然而然地联系起来。要做到这一点，音乐必须具有摄人魂魄的**吸引技巧**（hook）——某一部分歌曲令人难忘。[46]

广告人的歌谣来源有三个渠道：从版权所有人那里购买曲子的使用权，

针对生活方式进行诉求的广告，通常在广告中表现与产品有关的消费者类型，而非产品本身。万事达卡的这条广告瞄准了运动迷，尤其是波斯顿红袜棒球队（Boston Red Sox）的球迷，他们为了心爱的球队可以付出任何代价。

旁白：红袜队世界联赛票。
棒球迷 1：500 美元。
排队的人：我出 4 000。
举重运动员：我的小车、货车、外加电脑。
女孩 1：两个月的薪水。
举重运动员：……我所有的积蓄。

脸上涂彩的家伙：所有的东西，所有的东西。
小男孩：我的鱼。
年轻女士：我的狗。
举重运动员：我的女朋友。

球场的球迷：我的第一个小孩。
女孩 3：千真万确。
旁白：观看波士顿红袜世界联赛——无价。

旁白／叠：有些东西金钱买不到。
旁白／叠：除此之外都可以用万事达卡。
旁白／叠：至尊球迷。

通常费用较高；利用已无版权问题的乐曲，免费；或专门请人创作一段原创曲子。有些原创歌曲，如可口可乐广告著名的"我想教这世界一齐唱"，最终就变成了人气很高的热门单曲。

生活片段式（问题解决式）

生活片段式（slice of life）广告按现实生活情景进行表演，出场人物多为普通老百姓，当然，他们由专业演员扮演，谈论自己生活中遇到的某些烦恼：比如口臭、牙齿松动、头皮屑、体臭或汗渍等，再由一位亲戚或同事暗示解决的方法，于是大家去试这个产品。下一个场景便表现使用后的结果——此人面貌焕然一新，这位更幸福、更干净、更清新的人赶着去赴新的约会了。表演总是以成功的尝试结尾。虽然观众常常厌烦这类广告，文案人员也不情愿写这类广告，但它们却能有效地引起观众的注意，激发他们的兴趣。

生活片段式广告成功的关键在于简洁，广告应突出表现一个产品利益，使之深刻难忘。利用**助记手段**（mnemonic device）往往可以使产品利益更加生动，从而迅速唤起观众的记忆。例如，帝国牌（Imperial）人造黄油的用户就突然发现自己头戴皇冠。

生活片段式广告的可信度是比较难解决的问题，因为在现实生活中，人们并不谈论"高品位者的选择，精明的选择"这类问题。因此，演员的表演必须具备相当的可信度，观众才会接受他们所说的讯息。这就是为什么大多数地方性广告不采用生活片段式技法的原因。创造可信度需要非常专业的才能，而且也需要大笔的预算。总之，无论在哪种情况下，故事情节都必须与产品相关，而且表现手法要简练。

生活方式式

如果要表现用户而非产品，广告人可以采用**生活方式式技法**（lifestyle technique）。例如，迪塞（Diesel）品牌就曾借助表现不同职业的人物的不同工作情景和娱乐活动，将其最新的产品线瞄准城市受众。同样，啤酒和软饮料类产品的广告主也经常将讯息瞄准充满活力、热爱户外活动的年轻人，着力表现喝这个品牌的人而非具体产品的优点。

动画式

卡通、木偶和电脑动画表演是处理那些较为麻烦的讯息和到达特殊市场（如儿童）非常有效的**动画**（animation）技法。比方，阿斯匹林或其他药物对人体系统的作用很难说明，但用动画表现头痛和胃痛就可以简化主题，使表演清晰且容易理解。

电脑动画要求广告主具有强大的信心，这是因为这项费用高昂的工作大部分是由电脑来完成的，在动画未完成之前，什么也看不到，但却要花费大量的金钱（第 3 章将更加全面地讨论这一课题）。

故事板设计的基本构成

创意小组选定大创意和电视广告所要采用的格式后，美术指导和文案人员便着手撰写脚本。电视的视觉影响力和表现力都非常强，因此，美术指导的责任相当重大，他们必须善于与其他专家——如制片、导演、灯光师、布景设计师——合作，顺利地设计、制作出广告。

故事板的设计

基本脚本完成之后，美术指导负责将脚本中的图像部分落实为真正的影像。这项工作由故事板来完成。**故事板**（storyboard）是一张预先印好的纸，上面有 8~20 个电视屏幕状的空白画框，每个画框下面留有空间以供填写广告正文，包括用术语表达的音效和镜头角度（见图表 2-4）。故事板的工作原理就像卡通片一样。

通过与印刷广告布局相类似的一个过程（小样、草图、末稿），美工精心设计每个场景的表现方式，调配演员、场景、道具、灯光和拍摄角度，以期获得最贴切的气氛、最美的画面和最强的感染力。故事板有助于创意人员从视觉上落实广告的格调和动作顺序，发现构思中的不足，使提案能通过上级的认可，同时充当拍摄的依据。

但是，即使设计已达到末稿水平，故事板也只是接近成品广告的样子，

图表 2-4

电视脚本常用术语的缩写

CU：特写，离人物或被拍摄物体非常近的镜头。

ECU：大特写，又叫BCU或TCU；比上面镜头还要近、还要大。

MCU：中特写，突出主体，但附带周围的物体。

MS：中景，主体的广角镜头，但不包括全部背景。

FS：全景，整个背景或主体。

LS：远景，整个场景，形成距离感。

DOLLY：移动拍摄，分DI（推）、DO（拉出）和DB（拉回）。

PAN：摇，从一面摇至另一面。

ZOOM：推，平稳地推进或远离主体。

SUPER：叠，在一个影像上叠放另一个影像。

DISS：也写作DSS，渐隐、渐显，第一个镜头出去，第二个镜头进入。

CUT：切换，从一个画面突然转至另一个画面。

WIPE：划，画面逐渐在屏幕上消失（可以产生各种效果）。

VO：旁白，屏幕外的声音，一般是播音员的声音。

SFX：音效。

DAU：音效减弱、人声进入。

UAO：人声减弱、音效进入。

实际制作当中还会在灯光、拍摄角度、焦点以及重点上进行修改，摄影机可以发现许多美工在设计时无法预见的问题，反之亦然（第 3 章将进一步探讨故事板的设计制作）。

样片：影视末稿

为了丰富故事板或事前测试一个构思，可以将广告以粗剪片的形式录制在磁带上，由文案和美工临时充当演员，或者拍摄一条**样片**（animatic）——按故事板规定的动作、情节等拍出胶片，再用磁带配上广告的音频部分。

电脑的出现使制作标准样片的成本大幅度下降。例如，艾维德（Avid）技术公司开发了一套剪辑系统，广告公司可以在显示屏上创作活动画面，配上音响，然后转换成完整的录像带交给客户。苹果也推出了一套类似的高性能数字非线性编辑系统——Final Cut Studio。这种技术给广告公司在少花钱的基础上为客户提供更好的创意服务提供了一条途径。

故事板或样片获得认可后，就准备进入广告的制作阶段，这是我们第3章将要详细讨论的主题。

撰写网络广告

互联网是一种全新的传播媒介，很多广告人仍在学习如何运用它。由于现在的网络用户知识广博、成熟精明、影响广泛，因而这是一个非常重要的问题。

博雅（Burson-Marsteller）是设在纽约的一家大型公关公司，根据它的调查，目前美国的重度在线用户已达 1 100 万，而他们的观念则影响着在线和非在线的 1.55 亿消费者的购买决策。博雅公关将这些网络上的舆论领袖称为"e- 势力"。

"e- 势力就像激起层层涟漪的那块石头，"博雅美国公司首席执行官兼主席切特·伯切特（Chet Burchett）说，"每个网络舆论领袖平均会与 14 个人进行交流"，因而 e- 势力是一股既能载舟亦能覆舟的力量。[47]

有趣的是，博雅的调查发现，在很多领域——技术、零售、金融、医药和汽车，90% 的 e- 势力都通过企业网站来查证信息，但只有 20% 的人报告说他们发现企业网站可信。

有鉴于此，网络广告的撰写至关重要。尤其是那些提供直白、实用信息的企业网站，这一点对树立和巩固品牌价值十分重要。

里德·戈尔兹伯勒（Reid Goldsborough）是一位通晓多种技术的专栏作家，曾做过广告文案。他坚持认为，虽然形象在传统广告中意味着一切，但在网络上，内容却高于一切。他指出，调查显示，与报纸杂志读者不同，网络用户往往先看文字，然后再看图片和图形。换言之，文字最重要。文字产生内容，而内容胜过格式。

其次，上网的人并不会认真阅读网站内容，而是浏览。因此信息编排一定要简明易懂，带数字编号的条目和加下划线连接的内容高于其在平面媒体中的使用频率。上网的人不会像看报纸那样从头到尾地细看，而是只浏览网站的首页，然后就看别处。但是如果他们对自己看到的内容感兴趣，他们会继续留在这个网站搜索更多的信息。由于没有物理空间的限制，网络为深度搜索提供了理想的空间。但据戈尔兹伯勒的观点，如果在网站上一屏接一屏地放文字，读者也会厌烦。

一项测量网站使用价值的研究发现，内容简洁紧凑的样本网站得分可以提高 58%，可检索的网站得分可以提高 47%，而采用客观写作风格而非推销式风格的网站则可以提高 27%。如果某一网站能同时兼具上述三个优势，则使用价值得分可以提高 124%。[48]

网页应该划分成不同的区域，并加以组织；但不可划分得过细，否则会让读者晕头转向。在区域或网站之间设立链接将大有裨益。但戈尔兹伯勒提醒我们，通往其他网站的链接必须流畅。

网络用户通常都很精明，他们会像躲避瘟疫一样躲避天花乱坠的广告。因此，虽然企业应该尽其可能给人留下最好的印象，但自吹自擂却有可能将读者吓跑。[49]

最后一点，网站应该始终保证其互动性，让读者能通过电子邮件或者网上留言的方式对网站内容做出反馈。互动性是网络的特点和优势，忽视这个特点，则无异于浪费金钱。

针对国际市场的广告创作

在国际市场，文案人员与创意总监要考虑的一个最重要因素就是语言。西欧至少有 15 种不同的语言，还有 30 多种方言，亚洲、非洲也存在着类似的问题，南美的情况稍微好一点。

对于广告的可移植性，国际广告主们已经争执了多年。一方认为，为每一个民族单独创作广告费用太高，于是，他们只是将一个整个广告翻译成各种相应的语言。另一种方法是"全球化思考，本土化执行"，用不同的语言创作广告，反映不同人群的需求，但整个主题全球统一。第三种观点则认为，要想确保国际广告的成功，唯一的途径是针对各市场创作专门的广告。花旗集团采用了后者的一种变体。作为金融服务业的巨头，花旗集团在 100 个国家都设有分行，因此它针对每个市场的不同需求来调整自己的广告和产品。以印度为例，印度向国外输出了大量的劳务，因此这些人在国外可以用卢比开户，而不是当地货币，他们在印度的亲人可以通过遍布国内 34 个城市的花旗银行 ATM 机取款，从而避免转账产生的巨大费用。当然，也有一些广告主认为上述两种方式都太消耗成本，毫无必要，于是他们干脆用英语在全世界发布广告，侧重产品的共性而非特性。

广告主必须区别对待不同的形势，此外，他们还必须权衡不同促销战略的经济意义。

文案翻译

无论采用哪种战略，翻译都是一个基本问题。国际广告中因误译和用词错误而造成的经典谬误比比皆是。在百度鸡的西班牙语广告中，错误的翻译使广告变成了"它使性冲动的男人让小鸡充满柔情"，而其原意却是"让硬汉做出柔嫩的鸡"。[50]

对产品名称的拙劣用词或蹩脚翻译会削弱广告在外国市场的信誉。经典的案例是，可口可乐公司的产品名称曾一度被译成与"Coca-Cola"同音的中文字，但中文意思却很离谱，成了"味同嚼蜡"。[51]

美国人、加拿大人、英国人、澳大利亚人和南非人都讲英语，但在词汇、用词以及句法上却有相当大的差别。同样，法国人、加拿大人、越南人和比利时人嘴里的法语差异就如同一个英国贵族和一个田纳西州山民嘴里的英语差异一样大。甚至在同一个国家，语言也会有很多种。比如，日语有五种"语体"，有表示尊敬的，有表示卑谦的，视讲话人与听话人各自的身份而定。因此，翻译日语的人必须知道何时改变语体。

在翻译过程中，广告创作人员应当遵循以下几条基本原则：

- 翻译者本人必须是文案高手。在美国和加拿大，大多数人都讲英语，但擅长写作的人却很少，更别说擅长文案写作的人了。广告主往往让翻译服务公司用外语替他们写广告，但这种做法并不可取。
- 翻译者必须了解产品。翻译者还必须了解产品特点及其投放的市场，最好用一位产品专家或市场专家任翻译而非普通的翻译。
- 翻译者应使用母语进行翻译。他们最好是广告投放国的本土居民，这样才能确保翻译者真正了解该国的现行社会心态、文化以及俗语。
- 创作人员应该给翻译者提供比较容易翻译的英语文案。双关和俗语虽然使英语成了一种丰富多彩的语言，但却很难翻译成贴切的其他语言，只会增加翻译的难度。

在为国际市场准备广告时，美术指导必须确保广告的语言以及形象对于目标受众来说不会太陌生。南非发布的这条乐高（Lego, www. lego.com）广告无须长篇大论，也无须醒目的标题，从乐高海洋中探出头的一只乐高潜望镜足以激起世界各地组合积木玩家的热情。

对一个民族市场最大的不恭莫过于对他们语言的误用。因此，翻译必须准确，标点必须恰当，而且，还必须优美。

对国际工商业人士而言，英语已经成为他们发布广告时的通用语言。一些企业将产品说明书和使用手册印成英文，但这种做法有时会导致当地居民对该企业的民族反感情绪，更糟的是，还有可能在不知不觉中把产品局限在少数懂技术英语的人群当中。[52]

面向国际市场的美术指导

哲学家常常将艺术当做一种国际性语言，认为艺术的非语言元素可以超越文化界限而自由地传播，但在广告中这却是一个美好然而代价高昂的想法。不同文化背景的人对色彩含义的认识是不同的，因此，在设计用于其他国家的广告时，美术指导必须熟知各国的艺术偏好与禁忌。

有人认为色彩可以代表情感，于是有人"has the blues"（忧伤，直译"有点蓝"。——译者注），有人"green with envy"（因嫉妒而红眼，直译"因嫉妒而绿眼"）（见广告实验室1-A，色彩的心理作用）。国旗——加拿大的红枫叶，美国的红、白、蓝和法国的三色——是一种非语言符号，能激起人们的爱国热情、爱国思想和爱国行动。然而，这些象征却有可能损害销售，比如在东南亚，如果采用美国国旗和法国国旗的颜色进行促销，很容易招致失败，那里的人们至今还没有忘记当年抗美、抗法的痛苦经历。

图标（icon）是代表特定观念或东西的一个视觉形象，它的意义有时可以跨越民族界限，反映同一文化体系的品味和心态。例如，含有蛇的广告（在许多西方文化中，蛇代表邪恶和情欲）在北美市场很容易丧失销售；而在远东，同样是这个视觉形象，却有可能充分展示出产品的力量。在远东国家，蛇蜕一次皮意味着又获得一次新生。

从更人性化的层次来讲，文化的象征可以体现社会的角色。当广告公司请演出公司或人才公司为自己寻找模特的时候，其实就是在寻找一个图标。他们希望模特能够有效地体现产品的利益，或帮助目标市场与广告建立更好的联系。不过，此文化认为魅力十足的模特未见得能得到彼文化的认同。

广告常利用本土文化中流行的佳句短语。即使创意在文字上可以译为另一种语言（这其实很少见），美术指导也仍然难以沿用同样的形象。因此，从事全球性广告的广告人必须事先测试当地人对艺术与设计构思的接受状态。

对国际广告主的法律限制

最后一点，所有的广告创意，包括广告说的、表现的或做的，都必须完全符合当地政府与文化的要求，许多国家对广告承诺和特定媒介的使用都有严格的规定。

本章小结

广告的非文字成分担负着传播大创意重任的一半，事实上，广告的非文字讯息与文字讯息不可分割，它们要么彼此促进，要么彼此伤害。

设计指美术指导和平面美工如何在概念上选择和配置一条广告的美术元素，这些元素将构成广告的外观，决定广告的基调。对于印刷广告而言，美工部拿出的第一件作品是一张简单、粗糙的广告布局设计图。布局图有下列几个功能：表明广告各元素应处的位置；以较低的代价挖掘创意思想；协助创意小组检查广告的心理功能与象征性功能；充当制作流程的蓝图。

在广告文案进行编辑的过程中，文案写作人员对广告公司、客户经理和法律部门一遍又一遍的剪辑和修订（有时时间很长）要有心理准备，这是不可避免的。文案人员不仅要有创造性，还必须耐心、灵活、成熟、自制。

设计广告分为这样几个步骤：小样、草图和末稿。版面组合指准备复制用的最终作品，手册和其他多页式材料采用三维草图，我们称之为样本。

电脑对平面设计产生了巨大的影响，各种不同的个人电脑软件程序使美工得以用手工无法进行的方式绘图、制版和处理图像。如今，每一个平面设计师都必须受过电脑方面的训练。

在印刷广告中，图像元素对广告的成败负有重大责任。图片可以用来抓住读者的注意力，标明广告的主体，创造有利的印象，发挥其他众多功能。

表现广告的两个基本工具是照片和绘画。照片可以产生现实感、亲近感和动感，可以专门体现气氛、美丽和情感，而且迅速、灵活、经济。绘画同样也可以做到其中的许多事情。如果美工觉得绘画的效果比照片更好，也可以用绘画。图像元素应该重点表现各种背景下的产品、用户利益、幽默的场景、证言，甚至某些反面诉求。

印刷广告的主要格式元素为标题、副标题、正文、广告语、证章、标志和签名。印刷广告会用到很多种标题类型和文案风格，广告标题的基本形式有五种：利益式、启发式、新闻/信息式、问题式和命令式。文案风格也有几种：直接推销式、企业形象式、叙述式、对白/独白式、图片说明式和技巧式。

在创作有效的印刷广告时，应该将创意金字塔与格式元素结合起来。标题执行"注意"环节的任务；副标题和导引段落抓住"兴趣"；内容段、收尾和结尾完成"信用"和"欲望"环节；"行动"环节位于文案的最后一行，与标志、广告语和签名形成一体。

在电子媒介当中，文案一般先用脚本准备好口头对白的文稿，这部分是广告的音频部分，可以由镜头外的画外音或出镜头的播音员、代言人或演员来播报。

广播广告要带点强迫性，这样才能抓住并维持人们的注意力，因为他们一般（在收听的同时）还干着别的事情。广播广告的文案必须比印刷广告的文案更口语化，应该用语言在听众的心目中描绘出画面。

电视广告文案人员利用脚本和故事板来传递广

告的文字和非文字创意。在撰写电视广告时，创意小组必须力争做到可信、贴切、基调统一。虽然电视广告应该提供一定的娱乐性，但娱乐不能干扰广告的销售讯息。

在广播广告和电视广告中，艺术扮演着一个重要的角色。艺术包括概念设计、角色分工、布景和场景设计、服装、灯光、脚本、拍摄角度等等——所有与广告视觉形象相关的元素。

广播和电视广告的常见形式有直截了当式、主持人式、证言式、演示式、音乐式、生活片段式、生活方式式和动画式。美术指导和文案人员共同设计大创意的艺术表现力、表现形式和故事板。故事板是电视广告的基本设计草图，包括脚本和场景速写。可以用样片来丰富故事板，事先测试广告。

在为国际市场创作广告时，广告人员必须充分考虑当地政府颁布的法律限制和当地文化的语言差异，而为国际市场创作广告的美术指导则必须对外国文化有深入的了解。即使文字讯息很好翻译，标志和形象也不一定好处理。

重要术语

设计	启发式标题	收尾	主持人式广告
布局图	疑问式标题	结尾	广播名人
小样	命令式标题	广告语	证言
末稿	副标题	主题句	演示
版面组合	肩题	标题句	音乐式广告
拼版	黑体	证章	歌谣式
照相制版	斜体	标志	念白
招贴式格式	正文	签名	音乐标志
方框图片式布局	直接推销式正文	脚本	吸引技巧
艾耶1号式	企业形象式正文	音频	生活片段式
插图画家	叙述式正文	故事板草图	助记手段
摄影师	对白/独白式正文	表演纲要	生活方式式技法
图形部分	图片说明式正文	直截了当式	动画式技法
标题	技巧式正文	整合广告	故事板
利益式标题	导引段落	出镜头	样片
新闻/信息式标题	内容段落	旁白	图标

复习题

1. 什么叫布局图？其作用是什么？

2. 印刷广告的设计分几个步骤？

3. 哪种颜色叫空白？

4. 从本书中选择一条含有图像的广告。说明图像的作用是什么？如果你是该广告的美术指导，你如何改进图像？

5. 第4题所举的广告采用了哪种标题？创意小组对创意金字塔的遵循程度如何？请说明。

6. 挑选一条你不喜欢的广告，分别用三种不同的风格改写其标题。

7. 什么叫故事板？它有什么作用？

8. 分别举例说明八种电视广告形式。

9. 挑选一条你喜欢的国际广告，指出它的讯息战略是什么？你能说明其文案风格吗？你认为其文案和标题体现战略了吗？你喜欢该广告的哪些部分？为什么？

10. 设计外语广告要遵循哪些原则？

广告实践

1. 大斯坦公司下属的三州沉床经销店（Big Stan's Tri-State Mattress Outlet）通常采用赞助大型卡车或锑钛矿爆破的方式来宣传自己。但现在大斯坦想扩大自己的业务，决定试一下广播广告。请运用前文所讲的脚本形式创作一条能迎合该公司及其潜在客户的广播广告。

2. 创意公司

   广告界日益明显的一个发展趋势是使用创意公司的人越来越多。许多这类小公司成功地从大型全面服务公司手中夺走了生意。请访问以下创意公司的网站，回答后面的问题：

   - 广告作品：www.adworks.com
   - B 创意公司：www.bcreative.com
   - Crispin Porter+Bogusky：www.cpbgroup.com
   - JDG 设计：www.jdgdesign.com
   - 爱情与战争：www.thisisloveandwar.com
   - 草莓青蛙：www.strawberryfrog.com
   - 无名广告小子：www.hometownsportspromo.com

   a. 上述公司的侧重点在哪里（消费品，工业品，少数民族还是普通市场？）

   b. 上述公司的业务范畴与规模有多大？

   c. 它们提供什么服务？

   d. 你对上述公司及其作品的整体印象如何？为什么？

3. 创意资源

   正如你在本章花旗集团一例中所见，要想写出好的文案或脚本，创作出有效的图像，需要很多因素。随着互联网的出现，创意小组在设计概念时可以利用许多新的资料。

文案人员常常利用不同的资料帮助自己撰写文案。请访问以下网站，说明各网站与文案及其文案撰写工作之间有什么关系。

- 首席文案：www.copychef.com
- 斯洛特：www.theslot.com
- 美国作家协会：www.wga.org

与文案人员一样，美术指导也要利用许多材料来设计自己的艺术表现。浏览下列网站，进一步了解美术指导领域，讨论各网站对美术指导的重要性：

- 美国平面艺术学院：www.aiga.org
- 美术指导俱乐部：www.adcglobal.org
- 创意茶座：www.creativity.net
- 设计与出版中心：www.graphic-design.com
- 数字名录：www.digitaldirectory.com
- 智盟在线：www.gnomononline.com
- 图片软盘：www.photodisc.com
- 摄影家名录：www.photographersindex.com

- 在线公文箱：www.portfolios.com
- 智慧工作：www.gocreate.com

过去与现在

4. 挑选一条苹果的印刷广告，说明其布局的选择——例如大小、图形配置以及色彩运用——对讯息的传递产生了什么作用。

5. 如果与"不同思维"篇广告相比，苹果的某些印刷广告，如产品广告，显得文字量较大。这种风格是否对形成苹果的威力更有效？为什么？

6. 请回忆本章开头乔伊斯·金·托马斯对花旗银行"身份失窃解决方案"篇的评价。在这些广告中，针对严肃问题运用幽默手法是否奏效？请说明原因。请通过分析花钱银行的一条电视广告来捍卫你自己的立场。

7. 找出花旗银行几条不同的印刷广告和电视广告，说明其艺术、布局和文案是如何结合，共同创造出品牌识别的。你认为花旗银行试图传递出一个什么样的形象？

印 刷 、电 子 及 数 字 媒 介 的 广 告 制 作

目标 全面展示印刷、电子及数字媒介广告的制作过程。电脑对制作过程产生了巨大的影响，为当今的广告人节省资金、节省时间、提高制作水平提供了更多的机会。但为了控制成本，保证制作质量，广告人仍有必要对印刷媒介、广播媒介以及新型数字媒介的广告制作过程及方法有一个基本的了解。

阅读本章，你可以学会：

1. **认识**计算机在印刷广告制作过程中的作用。

2. **了解**印刷广告和宣传手册由构思到终期制作的全过程。

3. **了解**如何为新闻界所需的印刷准备材料。

4. **了解**电视广告和广播广告从最初构思到终期制作的全过程。

5. **掌握**电视广告的主要形式。

6. **了解**在广播和电视制作中节省资金的秘诀。

7. **了解**电视特技的可行性。

8. **认识**重要数字媒介对广告创作的作用。

PRIUS START NOW.

THE ALL-NEW PRIUS.

HYBRID SYNERGY DRIVE

对于像丰田这样的强势大客户来说，如何选择一家广告公司来配合自己在全球推广自己技术优越的全新油气混合动力新车 Prius，是一件非常了不起的事情。数以百计的广告公司都希望能为这样的客户服务，但是竞争仅仅局限在他们现有的广告公司中，这就意味着丰田的招标只对正在为自己服务的广告公司敞开大门。

这也就是说，在 84 个国家拥有 134 多家分公司的盛世公司将与其他许多广告公司一起竞争丰田这个客户。盛世公司看起来好像是丰田最中意的公司，但问题是盛世旗下的哪一家公司有可能被委以重任呢？

在盛世遍布全球的分公司中，广告文案和创意总监不断创造又放弃无数的广告创意。最终，每家分公司各选出一个或数个他们自己最得意的创意方案，并将自己的作品提交给客户，希望好运会降临到自己头上。

我们现在说的是丰田 Prius 的全球推介。这是一款环保型车，驾驶感与别的小车无异，但发动机却可以同时由汽油和电驱动，号称每加仑可跑 55 英里，节省的能源是绝大多数车的两倍。丰田 Prius 的广告将在国外完成，但几乎所有在为丰田服务的广告公司都参与了竞标。为什么不呢？胜出的广告公司将制作国内和国际平面广告，创作并制作一条在全球播出的电视广告，这条广告还会被翻译成多种不同的语言，在全球范围内播出。

盛世洛杉矶分公司已经在替丰田运作其在美国的广告活动，丰田是他们在美国的一个大客户。事实上，丰田也是密西西比河西部最大的广告客户。自然，洛杉矶分公司很想得到这次机会，但这并不是一件容易的事。它们必须和其他世界顶级的广告公司竞争，甚至还将和盛世设在伦敦、巴黎和纽约的分公司竞争，而它们同样也是极富创意的顶尖广告公司。

但这丝毫不会影响 Prius 成为众多广告公司竞相追逐的"宠儿"。即使在很少会做，甚至根本不可能做广告的情况下，Prius 之前的限产车型也已经奠定了其在本领域内的领先地位。在蓝牙技术、低排放和出色的节能技术的武装下，这款油气混合动力车已经成为众多有环保意识的车主的最爱，也奠定了其在好莱坞的地位。现在，丰田公司计划在全球范围内推广这一车型。盛世深知，赢得这次广告活动，就意味着在新的细分市场赢得发言权。

他们面对着许多挑战。盛世希望自己为 Prius 创作的广告既能针对广泛的受众——无论他们属于哪个国家、哪种文化，又能有针对性地真正打动购买者。两位创意总监——马克斯·戈德塞（Max Godsil）和道格·凡·安德尔（Doug Van Andel）在洛杉矶受命执行这个项目。他们披星戴月地阅读调研报告，分析市场，然后拿出一个又一个创意。经过大约 30 次尝试，他们终于得到了一个既复杂又亲切、既现代又温馨、既纯净又原创的广告创意。

他们将这个创意提交给了盛世的高级创意总监史蒂夫·罗伯斯基（Steve Rabosky），他认可了。他们自信这个创意能够赢得这个客户，他们成功了。丰田日本公司将 Prius 的全球推广活动交给了盛世洛杉矶公司。[1]

几个月后，当丰田公司要求他们着手创作广告时，他们知道他们做对了。只是 Prius 的产量还不足以满足日益增长的消费需求罢了。在这一章，我们将看看他们都做了些什么，并探讨他们是如何做的。

广告制作过程的管理

对于广告从萌芽到结果所经历的错综复杂的技术过程，普通读者很少有概念，但有经验的广告人——尤其是美术指导、设计师、印刷制作经理和制片人——却深知个中详情。他们知道，正是因为对细节的精心处理，才使广告增添了魅力，更趋圆满。精心管理是确保广告制作成功的重要保障，因此，在详细探讨制作过程之前，我们还是先讨论一下制作过程所涉及的一些管理问题。

印刷制作经理和制片人的职能

出现在消费者眼前的每一条广告都标志着一个高度复杂的过程，这一过程包含着众多环节——诸如全色图像的复制、场面的拍摄与剪辑、字体精确规格的说明与版式、检查、认可、复制以及运送完稿、负片、磁带或胶片至各媒介（报纸、杂志、广播、电视，甚至网络出版公司）。

这些任务通常是**印刷制作经理**（print production manager，对印刷媒介而言）或**制片人**（producer，对电子媒介而言）的职责（在盛世公司，他们统称为"制作人"）。他们要负责保证整个项目在计划内按预算顺利进行，同时，还要保证每一个制作环节都达到质量要求。

通常,制作经理和制片人发挥着四个管理作用:策划、组织、指挥和控制。例如，在盛世公司，约翰娜·里奥维里（Johanna Leovey）是印刷制作经理，她的职责是审查艺术构思；然后，策划用哪种制作过程来达到要求；再后，组织分配任务，决定轻重缓急，以便满足客户的媒介排期，再指挥制作人员完成美术制作的各部分；最后，为确保质量、经济和速度，她还必须发

虽然读者只需 15 秒钟就可以看完丰田 Prius 这幅全国性广告，但大多数人都不知道，如此水准的广告从构思到完成需要三个星期到一个月，甚至更长的时间。创意产生、被否决，然后再小心谨慎地制作成广告成品，最终第一次公开登场亮相。在此之前要经历许多环节。

广告：创意与文案

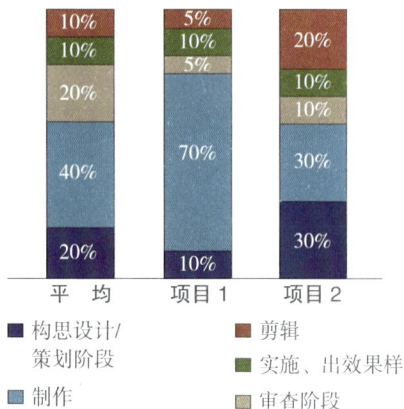

图表 3-1

时间分配比较图。所有的项目都各有其特点，因此每个项目各环节所需的时间便不尽相同。虽然平均而言，所有项目的制作时间大约为 40% 左右，但也有一些项目的制作时间更长（如项目 1），有一些更短（如项目 2）。

挥控制功能，认真检查每一个成员和下游公司的工作，征求上司和美术指导的反馈，确保整个创作小组都朝同一个方向努力。约翰娜的上司洛兰·阿尔珀·克雷默（Lorraine Alper Kramer）是盛世公司的印刷总监。

策划与组织

"时间分配"是管理的一个重要环节。一个项目的每一个阶段都是由众多任务构成的，因此，制作经理必须预测每一阶段有可能在什么地方发生意外。比方，完成一条动画广告大致需要五个阶段，但具体到每一条广告，各阶段所需的时间又各不相同（见图表 3-1）。[2]

指导与控制

指导制作人员和下游公司的工作也是一个挑战。美工如果没有正确遵照美术指导的设计行事，就有可能毁掉广告的魅力、表现力和效果。印刷过程不当，纸张、油墨使用不当也会削弱广告形象的冲击力、增加成本，甚至导致推翻重印，浪费大量的时间。忘记反复检查印刷制作的细节和制作人员的工作，会导致印刷制作经理付出惨重的代价：可能为此而损失客户或公司的大量资金，甚至可能丢掉自己的饭碗。

洛兰指出，制作人还必须随时掌握印刷和电子媒介制作工艺上的任何技术变化，包括数字媒介（多媒体、互动媒介和在线网络）。此外，由于现在所有广告公司的员工几乎都在使用电脑，因此他们还必须了解电脑在制作过程中可以发挥什么作用，哪些软件程序的效果最好。[3]

控制制作成本 在盛世公司接手 Prius 这个案子时，他们提交了一份制作费用预算清单，包括电脑设计和转包出去的工作，如摄影、复制以及送片的费用。两周后，等约翰娜拿到通过的美术构思时，她知道自己必须竭尽全力不让费用超出预算。

优秀的制作经理要随时监督每项工作所花的时间以及下游公司提交的费用申请，只有这样，才不会超出预算。制作经理必须花大力气控制计划外开支。

打破预算的常见因素

打破预算的常见因素有五个。第一项最多，是因策划不周和缺少准备而出现的成本超支；第二项是制作时的享受，比方，如果创意总监想用公司的钱请每位创作人员吃饭，以嘉奖大家的工作，他就应该先问问"预算里有这份钱吗？"；第三项是加班——夜间加班或周末加班，如果有可能，经理应准备几个备用方案，尽量避免加班；第四项是为追求特殊效果而使用特殊设备造成的成本猛增，超出预算，比方，使用异形电脑装置会比标准装置贵得多；第五项，由决策人、主管部门和律师组成的复杂梯队还有可能阻碍决策，引起不利争端，使过程中止。

国际广告主还必须认识到各国在制作成本征税规定上的巨大差异。例如，阿根廷对所有制作成本和媒介购买代理费征收 21％ 的一揽子增值税（VAT）。[4]

各种媒介还有一些其他具体的预算问题。

印刷制作成本的控制

"印刷制作"这个概念指某一个已获得认可的设计从构思直至最后在某一印刷媒介（如杂志、报纸或宣传手册和直邮包装这类广告辅助材料）上发布的系统过程。

对于印刷媒介，制作经理可以从 60 多种技法中任选几种来实施创意小组的设计，然后印刷到各种各样的材料（通常为纸）上。[5] 他们必须把草图或末稿设计转换成最终的黑白组合稿，我们称之为拼版，然后，在制版人员和印刷人员的协同工作下，保证将拼版丝毫不差地转换成供印刷厂制版用的阴图。我们随后将对这一过程展开详尽的论述。

印刷广告制作中的一大块费用是制版，需要提供全部分色图、修版、清样和数字文件，因此许多制作经理宁愿让自己的印刷厂提供全部印前的制版服务（诸如从插图和磁盘上制作制版负片）。如今，绝大多数印厂内部都能提供数字制版服务，他们最清楚具体哪种制版工艺才能给自己的制版设备和印刷设备提供最合适的负片，而且他们的收费往往也比外面的服务公司低。当然，也有一些制作经理认为让一些高质量的制版中心制作负片更安全可靠，因为他们提供的专业化服务品质非常高，他们的人员在色彩还原方面技术非常娴熟，并且可以将材料准时准确地送达全国各地的媒介。此外,制作经理和美术指导还可以在印刷厂将材料送去制版(该过程叫"剥")前，对负片或制版资料进行校对。

纸张成本也会影响预算，广告公司在印刷媒介上发布广告时，媒介将纸张成本一并计入广告费用中，因而广告公司并不会注意到这种转嫁成本。但是，如果广告公司要为客户印刷辅助材料，如数据本、样宣或包装，纸张成本就显现出来了。以彩色印刷为例，少量的 2 000 份印量只需要几千张纸（可变成本），但准备费和上机费（固定成本）都要计入最终销售价格中，如果大批量印刷，100 000 份或者更多，准备费和上机费仍然保持不变，但纸张的成本则会根据用量而上升，一般上升 700%~1 000%，这时，纸张成本会大大超过印刷成本。

针对 Prius 这个项目，盛世公司为车展和销售商准备了一条预热广告，希望在其他促销资料尚未制作完成之前激发人们对 Prius 的关注。他们将这条预热广告装在一个用上等皮纸制作的精致折页纸袋中。另外，盛世公司还用粗糙的齿孔纸制作了小型传单，在里面嵌入了一些种子。上面写着："混合动力驱动：有时，变化的种子也会像汽车设计那样精巧，或者，就像这张卡片一样。"收到者只需将这张纸种下，然后等着这些种子绽放出美丽的花朵。盛世还设计了一个全球性的指南，指导各个国家的经销商组装印刷广告，并使之与美国的广告相呼应。在诸如此类的情况下，与纸张相关的成本就会远远大于印刷成本。

如果采用平板印刷工艺（即纸一张一张地进入印刷机），纸张成本平均占最终价格的 22%，目录或杂志常用的大型轮转印刷要求印刷速度快，因此要用卷筒纸，油墨也是速干型的（热凝固），这种工艺的纸张成本平均占印厂最终报价的 35%。[6]

电子制作成本控制

电子制作（electronic production）这一概念指将脚本或故事板转换成供电台、电视台或数字媒介使用的成品广告的过程。虽然电子制作的整个流程与印刷制作差不多，但具体的工艺细节和成本却相去甚远，而且出来的结果不是印刷胶片或负片，而是音频或视频磁带、动画胶片或某种数字形式，如 CD-ROM、移动硬盘或 DVD。

广　播　广播是最便宜的电子媒介，因为它只需与声音打交道，设备与劳务费用比电视制作要低，无须发型师、化妆师或台词提示员，复制用的录音带也很便宜。

因此，制作广播广告要控制的主要费用是演员费与音乐制作费，特别是名演员的费用，可能很高。即便采用工会签约标准的演员，按合同规定的最低合同工资（scale）支付费用，如果是几个人或在几个市场播出，或要延长播出期限，其费用也会相当惊人。比方，广告主可能初步与演员签约，播出 4 周或 13 周，如果播出时间超过合同期限，广告主要再次付给演员**复映复播追加酬金**（residual fee）。

同样，原创音乐（作曲、配乐、编曲）的成本也会因演员和使用范围的不同而不同，有相当便宜的，也有很贵的。因此，许多客户——尤其是小型地方性广告主和区域性广告主——大多愿意选择录音棚录制的或电台预录的商业音乐片段作为广告音乐。

广告种类	2001年费用
特效	653 000
大场面	397 000
单景（旁白）	380 000
独白	374 000
歌舞	359 000
单景（对白）	330 000
多线索故事	324 000
动画	311 000
访谈/证实	262 000
台上模型/ECU	187 000

图表 3-2

制作一条电视广告的平均费用

（单位：美元）

电　视　许多企业需要电视所能达到的广阔覆盖面和冲击力，不过，电视业容易受高额的设备成本和劳务成本的影响。2003 年，制作一条 30 秒全国性电视广告的平均费用是 372 000 美元。[7] 费用如此之高，难怪客户这么快就变得如此挑剔（见图表 3-2）。

业界有人认为，著名演员和奢侈场面虽然代价很大，但却能引起人们的注意，增强人们的记忆。不过，事实并非如此。最近的一项调查表明，以品牌差别讯息和产品演示为特点的广告实际上比前一种更为有效，而费用平均要低 28%。调查还进一步表明，广告创作人员有时是因为无话可说才动用奢华的制作来进行弥补的。[8]

很多因素都会对电视广告的制作预算提出挑战，包括儿童演员与动物演员、超级明星和超级导演、强大演出阵容、动画、复杂图像、特技、逐格拍摄、外景与棚内拍摄同时运用、高价布景装饰或搭制、超期拍摄以及拍摄期间对脚本进行重大修改等。[9]广告制片人必须对所有这些因素有所了解，并对此做出周密的安排。

数字媒介　计算机促使了一批全新数字媒介的产生，这使得广告公司制片人和创作人员的工作显得更为重要，同时也促使他们跟上新的录制工艺、复制工艺和特效技术的步伐。

过去，广告公司如果想向客户形象地展示自己的作品选辑，必须进行

对于经常上网的人来说，在电脑中看见由其他电脑创作出的广告是司空见惯的事情。Pot 面的这条广告由于采用了非传统的表现手法而在戛纳斩获金狮奖。经过设计师之手，Pot 面的网站看起来像一个搞笑的论坛而非一条广告，网站以画廊、舆论调查、幽默文章以及互动游戏为主。

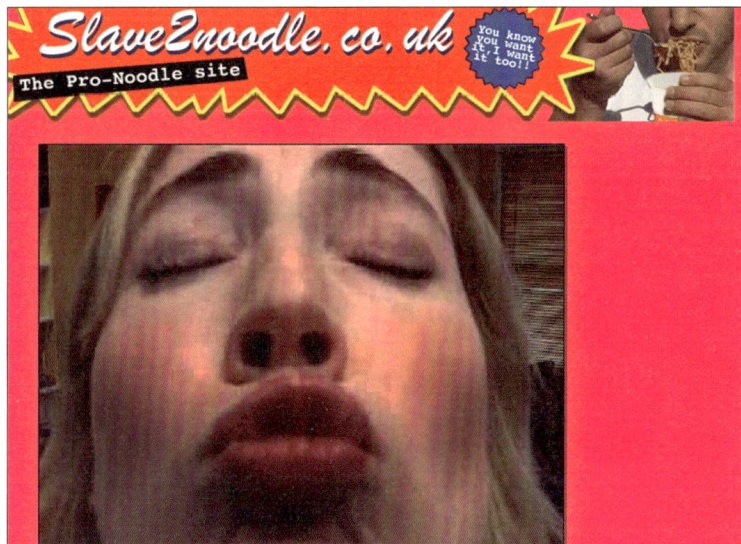

多媒体演示（multimedia presentation）——采用多台投影仪和声画同步录音装置进行快速幻灯表演。而如今，多媒体显像管只需将激光束瞄准屏幕，传感器便可以向一台移动计算机发送信号，隐去幻灯机，显出三色投影仪，然后，发出一组简短的模拟图像，再用电脑图形和特效加以完成。创意小组可以撰写这类多媒体销售演示，但制作经理和制片人一般要负责落实制作。[10] 要用经济合算的方式完成上述工作并不那么简单。

从机场登机到商店购物，消费者已经习惯了触摸屏所提供的自助服务和**电脑亭**（kiosk）上的信用卡服务。广告公司正在为如何在这些数字化的服务设备中进行数字展示而忙碌，这将使得它们自动呈现在消费者的面前，为他们提供升级服务或成为他们新的选择。比如，自助服务商店的收款台会问你是否需要冰块，机场的电脑亭会按照你的机票显示目的城市旅游景区的相关信息。[11] 柯达照相站（Kodak Picture Maker）首开先河，我们看到，照片打印站已经成了药店的一种标准摆设。而为了与药店展开竞争，百思买开始利用自己在数字照相机市场的庞大市场份额，开设店内数字照相站。但发展更迅速的一块领域是数字音乐，像 MediaPort，Starbox 以及 TouchStand 这样的公司都提供现场制作个性 CD 和试听服务。诸如此类的服务站，可以为人们提供上万种服务，它们像雨后春笋般出现在全国各地的书店、咖啡馆和零售店中。[12]

最后，还有一些广告完全是由计算机为供计算机使用而制作的——那些通过互联网或某些在线服务公司向全世界传送的电子图像和文本。制作经理可以利用现成的图像和文本制作软件来构建广告，但如果想发到网上，完成后的计算机文档还必须与一定的计算机程序相连。为此，许多制作经理把这项工作转包给下游公司去做。但他们必须了解下游公司，因为各家的收费有天壤之别，有的收费 50 美元 / 小时，而有的收费则达到 150 美元 / 小时。[13] 例如，盛世就有一支专门为丰田及其他客户创作互联网广告的设计与互联媒介队伍。[14] Prius 广告活动动用了许多互动成分，包括针对 MSN 用户的老派视频游戏和通过丰田官方网站（ www.toyota.com/prius ）对其汽车进行的全方位观察。

为各种电子媒介创作形象、图片设计、文本以及互动数字项目等的过程与印刷媒体广告的制作十分相似，只是它的最终成品更适合像 DVD 或网站这样的电子储存和传输而已。

印刷广告制作过程

在丰田的广告经理对丰田 Prius 的广告构思发出"开始"指令后，约翰娜便可以全力以赴了。她所采用的工作流程与任何其他印刷工作流程别无二致，无论是印刷宣传手册、招贴或是直邮用品，她的目标都一样，那就是尽量按照创意小组的意图完成工作。

印刷制作流程（ print production process ）主要包含四个阶段：预备、制作、印前准备、印刷与发行。图表 3-3 为一个简化流程模型。

预备阶段：策划项目

第一步，预备（ preproduction ）。当创作部将经过认可的创意构思——草图或末稿和文案——交给制作部时，第一步便开始了。制作经理的首要任务是与公司的调度部经理沟通，将项目纳入制作部的工作调度系统中，他们共同建立一个任务夹（ job jacket ），用它来储存制作过程中产生的各种作品和构思，然后仔细审查任务的一般性质，考虑如何经济有效地完成这些任务。不妨尝试提出如下一些问题。

传统手工印刷 制作过程	计算机印刷 制作过程
草图或末稿	·设计 ·字体/字号 ·拼版 ·分色 ·出片 ·剥版
字体说明 与 排　版	
拼　版 与 组　版	
印刷厂	制　版
印刷前准备 ·分　色 ·出　片 ·剥　版 ·制　版	
	印刷厂
印刷作业 ·印　刷 ·裁　剪 ·装　订	印刷作业 ·印　刷 ·裁　剪 ·装　订

图表 3-3

印刷广告制作流程

- 需要哪种设备？

- 如何获得这些设备？（是否租赁另外的机器？）

- 哪些材料是必需的？（假设是印刷包装，我们计划在哪种材料上印刷：铝板、纸或卡板纸？）

- 需要哪些人力？（是否需要聘请摄影师或插图画家这类自由职业者？）

- 这些工作是否会产生任何特殊费用？（我们是否需要外景拍摄？比如，是否需要食品设计师的专业服务？）

- 需要多少制作美工？（假设截止期已经临近，我们是否必须动用后备军？）

上述这些大问题解决之后，制作经理才有可能认真考虑项目的一些具体需要。

从出版**截止期**（closing date，又叫 deadline）开始倒计时，调度部和制作经理要决定每一步工作必须在什么时候完成。截止期有长有短，长的几个月，短的只有几个小时。经理要给每一步稍许打出点富余时间，因为每个单词、美术元素和其他元素都有可能在最后一分钟修改。调度部经理的职责就是确保大家的工作不要错过截止期，确保及时获得确认文件。Prius 一案只给了盛世创作小组五天的时间。在这五天内，他们必须拍下所有印刷广告和辅助材料以及几条 15 秒广告要用的汽车素材。

排版与组排

美术指导挑选相应的字体风格，以突出产品的预期特性，使广告基调更加丰满。字体会影响到广告的外观、设计和可读性。选择的字体再好，但如果标题不好、正文糟糕或插图不当，也于事无补，不过可以激发兴趣，吸引读者。

制作经理和平面设计师必须熟知**排版工艺**（typography），即选择和编排字体的工艺。广告美工必须掌握常用的五种主要字体种类、字系中的每种艺术变体以及字体的结构，在选择字体时必须考虑以下四个问题：可读性、吻合性、和谐性或外观，以及重点。广告实验室 3-A "西文字体的特点" 将对这个问题和其他与字体有关的问题展开讨论。

计划外购字体设计的美工必须事先根据版面容量**组排**（copy cast，又叫 copyfit），按字体字母大小和比例计算出字体要占的整个空间。由于字体设计的售价较高，更换的代价也不少，因此，这是一件相当重要的工作。编排文案的方式有两种：单词计算式和字符计算式。

单词计算式（word-count method）按指定的标准范围以特定字体风格和大小计算、分配每平方英寸内的文案单词数；**字符计算式**（character-count method）更准确一些，即计算文案中的所有字符（包括字母、单词间隔和标点符号），找出每种字体和规格的每派卡长度中平均能分布的字符数，然后确定文案要占多少字符数（1 英寸有 6 派卡）。

就在十几年前，排版技能还是所有美工必须具备的一种基本技能，但是现在，这项工作已经能由电脑在几分钟内完成。不过，为了避免后期发生排版问题，这项技能在预备阶段仍然有用。例如，某地方性广告主把正

西文字体的特点

易读性

选择字体时，要考虑的首要因素是其易读性。正如大卫·奥格威所言，恰当的排版有助于人们阅读，而不当的排版则会妨碍人们阅读。影响排版易读性的常见因素包括：字体风格、字体粗细和大小、字行长短、字距、行距、段落间隔等。广告是给人看的，易读性降低自然会削弱人们对广告的兴趣。除非为了制造特殊效果，应尽量少用难认的字体。

个大、粗黑、设计简单的字体最容易看清、看懂。然而，广告的空间大小和文案容量会限制这类字体的运用。文案的字行长短会影响到易读性，报纸一栏的宽度一般不超过2英寸，杂志的稍宽一点，广告文案的宽度以不超过3英寸为宜（18派卡）。

行距也会影响到广告的易读性，行距为上伸字母（指字母的某部分上伸，如b、d、k）和下伸字母（指字母的某部分下伸，如j、g、p）留下了可供伸胳膊伸腿的空间。如果行与行之间仅有这个空间，我们称这种排版为"密排"。为了让文案产生更"透气"的感觉，美术指导有时会在行与行之间增加额外的空间，印刷上称之为**加空铅**（leading），该名词源自为加大行距而在铅字行间置入的薄铅条。

字距（kerning）——扩大或压缩字母间的距离——也可以改善广告的面貌，增强易读性。字距越窄，装的字符就越多。小字距比较适宜于标题，这是因为如果字体大，字母挨得近，看起来就更快。但如果挤得太紧，或字体较小，就难以让人辨认了。

吻合性

字体必须与要宣传的产品相宜，每种字体和字号都会传递出一种文字含义本身以外的情绪和感觉，有的轻言"豪华"，有的大叫"甩卖！"。看上去显老的字体显然不大适宜于电子手表这类产品。

和谐 / 外观

刚入道的初学者常常在一条广告中将好几种字体混在一起，结果造成画面不和谐或混乱的局面。广告所用的字体应该与广告的其他元素（如插图和布局）协调，经验丰富的美工会选择同一系列的字体，或外观接近的字体。

重 点

反差可以突出重点，美工常常在设计中同时使用一种以上的字体或将斜体与罗马体、大字体与小字体、大写与小写混合使用。但要注意，不能突出所有元素，否则也就无所谓重点了。

字体种类

广告使用的字体有两大类。

特排字体（display type）比正文字体更粗更大，适用于做标题、副标题、标志和地址，非常醒目。

正文字体（text type）要小要淡，用于排正文。

字体系列

衬线字体（serif，又叫罗马体，roman type）是最常用的字体，易于辨认，热情洋溢。其特点是有衬线或在字母两端有截线，笔画粗细有变化，在设计和大小上有多种变体。

无衬线字体（sans serif，又叫哥特体，gothic）是最常用的第二种字体，又叫现代体。其特点是没有衬线（所以叫无衬线字体），笔画粗细相对比较一致，不如罗马字体好认，但运用得也很广泛，其简单、干净的线条给人一种流畅和时髦的感觉（见图a）。

方体是哥特体和罗马体的结合，有衬线，但笔画粗细一致。

草体像手写体，字母之间经常彼此连接，能传达一种阴柔、正式、古典或漂亮的感觉，比较难认，主要用于标题、正式公告、化妆品和时装广告。

装饰体采用新奇的设计，具有更强的审美意味和

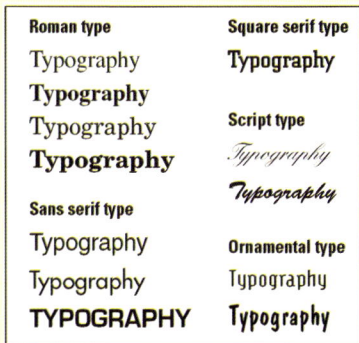

a.

装饰意味，能增添"特效"的感觉，但比较难认。

字　系

　　字系（type families）由相关的字体组成，在同一套字系中，字体的基本设计保持不变，但比例、比重和倾斜度发生变化，字体可深、可淡；笔画可粗、可细；可以细长、也可以扁平；还可以用斜体。变体使得设计师不必改变字体系列就可以突出重点，进行对比（见图 b）。

　　一套铅字（font）指某一种字体或某一种字号的全套大小写字母、数字和标点符号。

字体规格

　　字体有高度、宽度、分量（有些装饰性字体）或深度，它们还有形状。随着计算机的产生，现在有各种各样的字体分解法。

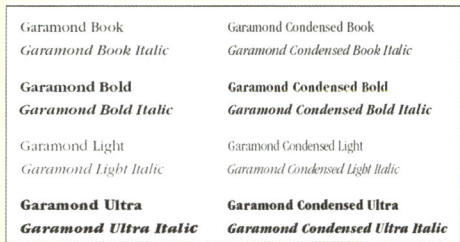

b.

字体大小指一个字符（或字母）从上到下按点（point）计算所占的高度（1 英寸合 72 点，见图 c）。

　　一个字母所占的排版宽度叫做全角空间，一般以该类字体的大写字母"M"所占的最大宽度计算，字母"N"所占的排版宽度叫做半角空间。

　　大写字母在上盘，小写字母在下盘（在热排版时代，排字工人将大写字母码放在上部已装好小写字母的字盘内）。大小写结合的排版方式最好认。字体可以全部排成大写（突出），也可以混合排版（大、小写均有）。

　　分解指提高字体的分辨率，精细排版的目的是为了让字体清晰、流畅，便于阅读。计算机屏幕上的字体通常为每英寸 72~78 点；点阵式打印机输出的一般为 360 点；激光打印机超过 600 点；杂志手册类的质量要求为起码 1 000 点；而广告要求达到 2 400~3 750 点。

实验室应用

运用本实验中的各种数字和术语回答下列问题。

1. 描述在"制作印刷、电子和数字媒介广告"这一标题中所采用的字体种类、字体、字系和字号（见本章第一页）。

2. 描述本书图表说明所用的字体种类、字体、字系和字号。

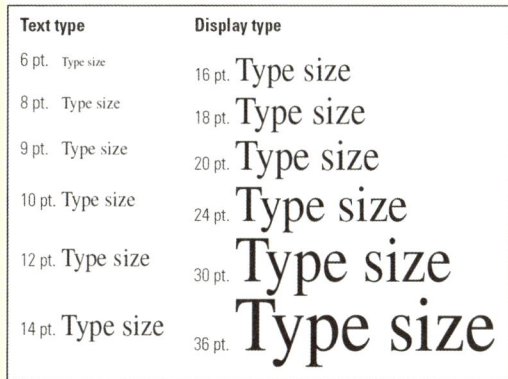

c.

文交给广告公司制作印刷材料，希望美工能使字体显得"美观"一些，根本不管正文字符有多少，是否适合版面空间。因此，尽早计算文案，可以给美工留下充足的时间来决定是否建议修改正文。制作开始后再重写文案，广告公司就有可能因等待重写而失去时间，错过媒介的截稿期。

为了使自己的广告标新立异，有些广告主甚至愿意付钱让广告公司设计一套新的字体，有些则让自己的排版式样与广告即将发布的杂志和报纸的式样保持一致，使广告看上去更像社论文章，希望借此来增强广告的可信度（至少能引起兴趣）。为了保持一致，盛世在丰田的所有广告中均采用同属一个特殊字系的字体。比如 Prius 的广告，他们就采用了盛世特制哥特体，是特制哥特体的一种变形。但由于广告主和广告公司都想努力在广告中保持"新鲜"感，因此其"正式"字体的风格几乎每年都在变化。

项目策划

预备阶段的全部目的就是对工作进行周密的策划，要求在全面进入制作之前就做出一系列战略选择。比如，美术指导的创意草图是用彩色记号笔注明颜色的，与印刷油墨颜色之间有差距，因此，制作经理应当向美术指导咨询，然后依照色标系统（如潘东色标体系）提前正式选定一套颜色。

对于手册样宣的制作，还有选择哪种印刷流程和哪种印刷形式的问题。这将影响到预算，并决定在预备期和印前如何准备插图。

同样，美术指导和制作主管还必须注意纸张类型。广告一般采用三类纸：书写纸、课本纸和封面纸。例如，信函和小传单通常采用**书写纸**（writing paper），纸质优良的书写纸最结实，因而最常用。手册样宣可以采用多种

课本纸（text paper），如新闻纸、仿古纸、机制加工纸、英国纸和铜版纸。其中新闻纸便宜、粗糙、透气，就像报纸用的那种；铜版纸光滑厚实、价格较高，如高档杂志、工业样宣和高级年度报告所用的纸。**封面纸**（cover paper）有多种加工工艺和纹理，用做软皮书封面、直邮邮品和样宣手册封面，因此，更厚、更结实，也更耐用。

最后，制作经理必须尽早做出决定：速度、质量和经济究竟哪一条最重要？一般说来，三者只能取其二，总要牺牲其中一个。这个问题决定着随后将采用哪种制作方法，聘请哪种人员。所有这些问题解决之后，便可以进入制作阶段了。

制作阶段：创作插图

在 Prius 广告的预备阶段完成之后，约翰娜·里奥维里便将广告的下一环节转交给洛兰·阿尔珀·克雷默美术工作室的制作人员，由他们为预定的印刷媒介制作实际的广告。从根本上讲，**制作阶段**（production phase）关系到插图组合、排版和完成其他相关元素，如插图和照片，然后将所有这些元素融合成一个可供印刷厂或出版单位使用的完整的图版。

图像的创作

除了文字以外，几乎每一条广告都会包含一定的图像元素，有些广告还会有好几幅图片。图像既可以是插图，也可以是照片，甚或两者的结合。但这些图片是从什么地方来的呢？

在和美术指导研究布局的时候，便要决定是采用插图还是照片，决定如何获得创意所需的图片。在大多数情况下，为了节省客户的资金，美术指导和制片人（甚至大型广告公司的美术采购人员）都会选择采用资料照片——支付合理的使用费从图片资料社购买一两幅现成的图片，付费标准一般是根据预计用途和使用时间的长短来确定。

请插图画家专门创作原创图像或请摄影师到外景地拍摄专用图片，这两种做法的费用都极为高昂，如果是到外地，则费用将更加高昂。在拍摄方面，有几个问题特别要加以考虑：一是用人问题，这取决于你所预定的拍摄风格。有些摄影师在新闻摄影方面的技巧非常娴熟，有些则在室内拍摄方面非常擅长，还有一些专门拍摄食品或时装。

其他考虑因素还包括是否需要特殊设备、照明、道具或布景，还有，是否能解决电源问题。在 Prius 广告的印刷工作中，创意小组在一个摄影棚里，将车安排在白色背景中拍摄。然后再添加视觉效果和文字，最后再完成广告的造型。创意小组面对着两大困难：一是单纯的时间问题，因为每个拍摄小组都必须在五天之内拍摄完毕。二是辅助视觉图像的问题，即图像背后的圆点——正是这些圆点赋予了图像现代感、未来感。每个圆点都是通过图形软件创作的，哪怕广告的外观稍做变动，整个背景层都必须随之进行调整，以免文字或图像割断这些小圆圈的流畅感。此外，为了制造出车的阴影，必须在每个圆圈中填出不同的灰色，形成色彩的过渡。这需要大量的时间进行颜色搭配，而所有这些都是靠工作室美工来完成的。

准备版面组合

在为广告、宣传册或包装设计的制作拼版时，制作美工一般先划出准备放置插图和字体的大小位置。过去，美工用手工拼版，用淡蓝笔在涂料纸板上划出大小位置。如今,计算机制版软件通过指令完成板块安排和说明,坐标可以使部件的空间安排和设计保持均匀一致。

　　然后，制作美工选定正文字体的具体风格和大小，将这些信息连带文案一同输入计算机。如果广告公司自己没有排版设备或计算机系统，美工就要指定具体的字体，以便排版公司理解美工的意图。字体可以由电脑直接植入，也可以先打印在纸上，再贴到版面所划定的位置上。

　　Prius 广告的基本设计非常简单，就是创作出来的广告必须像汽车广告：干净、现代、亲切。小灰点使白色背景变得不怎么刺眼，使小灰点、车、广告语以及**必需要件**（mandatory），如电话号码、网址等，和谐地融为一体。

　　约翰娜和工作室的其他美工一起对末稿进行了仔细研究，以便明确如何在拼版工艺和排版软件上逐层分离不同插图元素和文案元素。

　　每增加一种颜色，就要在同一个位置增加一块涂料纸板来体现这个新的图像。新图像可以贴在**透明胶片**（overlay）上，覆盖第一个图像（我们称之为**底图**，base art），然后，制作美工在底图的四角标上套准符号，将每张透明胶片上的套准线与底图上的套准线精确地重合，这样才能保证每一层的图像不走样。

　　印刷厂需要的分色图必须能够分别复制，因此，无论用手工还是用电脑，插图的各个美术元素都必须精确定位。最后，经层层重叠印刷，才能

在四色插图中，印刷机需要的是可以分别印刷的单色胶片。这一分色过程可以由计算机或手工用透明胶片完成。随着层层胶片的叠加，合成最后完整的图像。

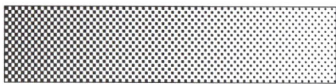

网版网屏将连续调插图分解成为细小的点，点的印刷组合形成视觉上的明暗层次变化，如照片上的那种。彩色网点显示了彩色照片的分色情况，另一组网点则显示了黑白照片的情形。

制出整个彩色图像。印刷厂必须对各分色层拍照，才能制出分色版，因此这项工艺叫做照相排版术（camera-ready art）。

有了计算机，这项工作现在比较容易完成，插图的各元素按操作者命名的层次分离，然后按需要从计算机中输出分色胶片或纸质清样。

照相排版与网版印刷

印刷过程的工艺原理就像一个开关，拨到黑，油墨就沾到纸上；拨到白，油墨就不沾。根据这一印刷原理，制作美工用黑白印刷工艺（线画工艺）来印刷插图，将灰色影像转换成线画工艺的一种形式——网版印刷。

线画工艺 普通照相纸（如照相机用的快照纸）采用**连续调**（continuous tone）——黑＋白＋中间过渡的灰色阴影——来产生图像，但印刷机无法印制灰色，因此，印刷厂一般采用一种特殊的**正射投影胶片**（orthographic film）——一种只产生黑、白图像、没有灰色调的高反差胶片，将插图直接拍摄下来，制成**硬性软片**（line film），再由硬性软片制出供印刷用的**线画版**（line plate）。

如果不添加额外工序（网屏），正射投影胶片或其他版就无法印刷连续调图像或要求色调过渡的其他图形。

网 屏 线画版印出的是线和实心块（如字体），**网目凸版**（halftone plate）印出的是点。关键在于**网屏**（halftone screen），网屏将插图的连续调分解成细小的点，印刷时，点与点的组合便形成类似于照片明暗层次变化的视觉形象。在图像暗的地方，点与点彼此相融，产生出近似黑色的图像；在灰色地带，黑点的数目与露出的白纸面积相当；在白色的地方，黑点周围有许多空白，或者，根本不印黑点。人的眼睛会把这种点的变化视为色调过渡。

网屏的精细程度决定着图形的品质。采用铜版纸的杂志广告一般用每英寸 200 线的网屏，而报纸图片所采用的网屏则很粗糙，在每英寸 80 线至100 线之间。粗网屏一般用于比较粗糙、吸墨量大的纸（如新闻纸），因为油墨着纸的时候会向四周扩散，填充空白地区。质地优良、光滑的杂志纸可以用细网屏，因为其压缩粉化表面可以防止油墨扩散到空白地区。粗网屏上的点用肉眼即可轻易看到。如果想产生特效，美工可采用不同的网屏，使网目有趣而排列不均匀。

美工的最后一道工序是注明网目印刷和线画印刷部位的大小和位置，他只需将图形的复制件贴到划板确切的位置上，在图像上注明"FPO"（仅供标明位置）字样。这样，印刷厂就不会把文字部分当成实际要用的最后插图。

　　　65 线效果　　　　　　　　　　100 线效果　　　　　　　　　　150 线效果

网屏有助于印刷厂在模仿照片连续调的过程中控制油墨的流向。新闻纸吸墨，而且墨点会向四周扩散，65 线网屏正好可以在点与点之间留下油墨扩散的空间。150 线网屏印出的画质更精细，但要用铜版纸（上面有防止油墨四溢的粉化层）才能得到高质量的图像。

特殊网屏赋予图片一种艺术感。无论网屏采用直线、曲线还是其他技法，其原理都与网目网屏的技法相同。

双色纹理

不规则线

网线铜版

波浪线（干刷）

开印前阶段：剥版、阴图与印版

当盛世在电脑上完成了 Prius 广告的全部制作之后，下一步就是准备好供印刷用的完成件。除了要在杂志上发布广告以外，盛世还需为自己、客户以及丰田的经销商准备一些印好的广告。

在**开印前阶段**（prepress phase），印刷厂先从底图和每张透明胶片上制出一套版型，每张拼版都要分别拍照。

线画版和网目版的各个层次都要转换成胶片阴图，再通过**剥版**（stripping）工艺将它们丝毫不差地重叠到不透明的塑料片——**晒版台纸**（flat）上。制好的晒版台纸是一张蔽光蒙片，只在线和点要出现的位置透光。将晒版台纸压到印版上，用紫外光照射印版的感光乳剂，一旦曝光，感光乳剂就开始显影，在印版上雕刻出图案，使印版的某些部位能存住油墨，有的存不住油墨。印版干透后，"挂"到印刷机上，准备开印。

彩色印刷

印版一次只能印一种颜色，广告或宣传手册如果想印成蓝、绿、黑色就需要三张不同的印版（一张一种颜色），这就是三色印刷。如果要印全色，则要采用**四色印刷工艺**（four-color process）。这种工艺可以通过合成四种基本色——原色红（又叫品红）、原色蓝（青色）、原色黄和黑色——合成模拟几乎所有的颜色（这种工艺印刷出来的图像比较细致、饱满、层次分明）。用行话来说，这种工艺又叫**青黄品黑印刷**（CYMK printing），其中，K 代表黑色。在进行全色印刷时，印刷厂要准备四张不同的印版——每次一张再加上黑色。

无须全色印刷的广告可采用合成油墨印刷，不使用三原色。例如，生成红色需要两种原色：品红与黄色；紫红用三种原色：品红、黄和青。因此，如果用黑色与紫红印刷样宣、手册，用两种合成油墨比用三种原色再加黑色更经济合算。

潘东色彩——组成**潘东配色体系**（PANTONE Matching System，简称 PMS）的色谱——是一种按配方预先调和好的专色油墨，编有色彩号码。潘东色标本上列有 100 多种适用于不同纸型的实心印刷和网目印刷颜色。[15]

四色分离

制作一套四色印版，需要四份单独的网目阴图片：品红、黄、青、黑各一份，每一份产生的胶片表现为黑白形式，这就叫做**分色**（color separation）。印刷用原色是半透明的，这样，两三种颜色才能彼此覆盖，生成另一种颜色，例如，绿色就可由黄点和青点的重叠而形成。

一直到最近，绝大多数分色工作还是通过照相工艺来解决的。如今，高级电子扫描系统——诸如 Silicon Graphics，Hell ScriptMaster，Scitex 和 Crosfield——可以同时完成四色分离和网版制作，同时还有缩放功能。所有这些工作只需几分钟，而在过去，用拍照和手工蚀版需要数小时，甚至几天才能完成。

无论采用哪种分色方法，只要印刷得当，不同颜色、大小和形状的网目混合排列都会给人的眼睛造成是在看原始图片或绘画的色彩感觉。

复制与发送阶段：印刷、装订和发送

印刷制作流程的最后阶段涉及到实际印刷、校对以及晾干、剪裁、装订与发送这些收尾步骤。

开　机

纸张、版型、油墨准备妥当之后，要先试印几张，停机，调整图像的排列，再开机。这道工序要重复几次。在多色印刷中，色彩校正相当重要，校正达到要求后，印刷才正式开始，逐渐达到最大印速。

加　工

印刷完毕，要待油墨干透（除非使用热排版或冷凝油墨），然后用大型裁纸机裁掉多余纸边（或其他东西）。根据工作的不同性质，印件可以交给专门的承包人，由他们去压花、模切或进行其他特殊工艺处理，加工成印刷成品。最后一道工序为装订的打孔（2 个或 3 个）、锁线和折页。

**印刷制作中的
质量管理**

无论处于印刷制作的哪个阶段，制作经理都必须核实印刷的质量。例如，报纸和杂志广告的插图必须是（不再改动可立即拍照制版的）照相原版。现在，许多广告公司只提供软盘，由出版单位将计算机图像转换成胶片，杂志社在自己送交的每份广告上注明特殊指令和尺寸大小。如果发现任何问题，制作经理必须与出版单位取得联系，核对原稿。

最后，在将广告送交出版社或将插图送交印厂之前，制作经理必须检查所有校样，检查是否有错，并征得公司和客户方主管的认可。校对是一件非常花时间的工作，但如果到了确认阶段却无人出面，那就非常糟糕。

为了确保制作过程进展顺利，每个与项目有关的人员都必须了解工作的流程与进度，错误发现得越晚，修改的代价就越高。修改一个句号的代价在文案排好后可能是 50 美元，胶片制好后是 500 美元，开印后则将达到 5 000 美元。[16]

**制作阶段的
质量问题**

质量管理工作从制作阶段就真正开始了，制作工艺用的打样必须经过仔细检查，所有的文字和图形一个也不能漏，确保不存在拼写错误、对线不齐、图形大小不当、裁切标志不准以及其他各种细小问题。这些工作没做好，就有可能给后面的工作造成麻烦。

印前质量问题

最后印好的东西上哪怕一个最微小的瑕疵，也有可能导致严重的后果，因此，制作经理必须在送交杂志社前对胶片一而再、再而三地进行检查。胶片的模拟校样或数码校样（如下所述）应该仔细检查，并随胶片一同送交。

校样印刷制作方法

如果是印制辅助材料或手册一类的小东西，制作经理要检查印厂提交的蓝图、色基、模拟校样或数码校样和清样。

蓝图校样 蓝图（blueline）是将光线透过胶片，在感光纸上曝光后得到校样，白色部分表现为蓝色。蓝图有助于暴露胶片上的划痕、瑕疵以及排版错误——如插图反向。蓝图一般要裁切、折叠和装订，就像成品一样，以便检查折压、装订记号是否都已准确标明。

色基与模拟或数码校样 模拟校样（analog proof，又叫 Chromalin）采用一套四张非常薄的透明胶片叠在一起，每一层胶片上的感光乳胶在特定光波曝光下转换成某种原色，然后共同生成一张完整的四色图像校样。**色基**（color key）是一种较低廉的模拟校样形式，所用的胶片相对厚一些，可以揭起来，产生的整个图像比完成件呈现出更灰的色调。**数码校样**（digital proof，又叫 Iris）是最新的技术革新成果，它采用喷墨技术，既能保证准确性，又能降低成本、缩短工时。[17]

清 样 开始印刷时，印刷机操作工"拉出"几张校样，核对机器，检查油墨的均匀度。此时，制作经理要在选定的一张校样上签字认可，作为操作工的操作指令，同时也可在日后出现印刷问题时为广告公司充当保护依据。

校样检查的内容

在检查校样时，制作经理和美术指导负责检查校样中是否有划痕、砂眼、

字母覆盖底色　　反差套印　　　套　准　　　跑　版

图表 3-4

黑色油墨可以覆盖底色（左一），但如果插图或正文选用的不是黑色而是其他颜色，它们下面就不应该再用底色。例如，假设在蓝底上印红色字母 "a"，白底字形使蓝色不受红色的干扰（左二）；但如果红色字母与白底字形之间发生错位，或红色字母小于白底字形，均可能导致字母无法套准，白底就会从两种颜色之间露出来（右一）。

瑕疵、污点或油墨浓淡不匀的现象。他们要用放大镜仔细查看网版的网目排列，确保色彩校正不出偏差，然后，再检查校样的套准与出血情况。

套　准　一种颜色或阴影的边缘与其毗邻的边缘毫厘不差地重叠，就叫**套准**（trap），这可以保证图形或字母底下的白底不至于露出来。如果美工制作的插图校样没有做到严丝合缝，印厂就有可能使某张胶片曝光稍为过度（有时称之为"过胖"），而又使另一张曝光不足（"过瘦"，见图表 3-4）。

为了节省开支，避免发生套印不准的问题，设计师往往在设计时采用黑色油墨组排字体，将它套印在底色上。但如果采用彩色字体，底色又与字体颜色不同，底色上就必须留出空白字形，以免彩色字体的真实颜色遭到破坏，但这种**反差套印**（reverse knockout）对套准的要求非常高，要非常仔细。

如果是印刷四色广告，聪明的做法是用黑色套印正文。重新印刷广告或手册时，广告设计人员往往要更换字体，如果正文用黑色印刷，广告人员只需更换黑色阴图和印版即可；如果正文采用其他颜色印刷，则必须更换所有的阴图、"剥"版和印版。

出　血　最后，设计师还必须考虑**出血版**（bleeds）的问题——色彩、字体或图形一直延伸至版面边界。如果采用出血版，制作美工在所设计的整个区域图像以外至少要留出四分之一英寸的彩色富余，供印刷调整和裁切用。

广播广告制作过程

广播广告（spots）是制作起来最快、最简单、最便宜的广告之一。实际上，许多电台免费为地方性广告主制作广告。

有时电台用脚本或重点台词和预录音乐，让播音员直播广告。如果采用这种形式，素材的时间计算必须精确，直播广告的脚本要求大致为每分钟 130~150 个单词，这样才能保证播音员以一种平常口语的语速讲话。最好的办法是找一位著名主持人，让他／她即兴表演。这种办法娱乐性更强，而且也能使主持人的信用与产品结合起来。[18]

直播广告的缺点是播音员无法保证自己每次播出的效果完全一致，音效也比较有限。只有录播广告才能达到统一的播音效果。录音广告的制作分为以下几个阶段：预备阶段、制作阶段和后期制作（或修饰）阶段（见图表 3-5）。

预备阶段

在**预备阶段**（preproduction phase），为了保证制作工作顺利、准时完成又不超支，广告主和广告公司要进行大量的准备工作。广告公司从自己的员工中指定一位制作人或从外面聘请自由制作人，再由制作人根据脚本挑选录音棚和导演，决定演员，估算开支，并向广告主提出制作预算，征求他们

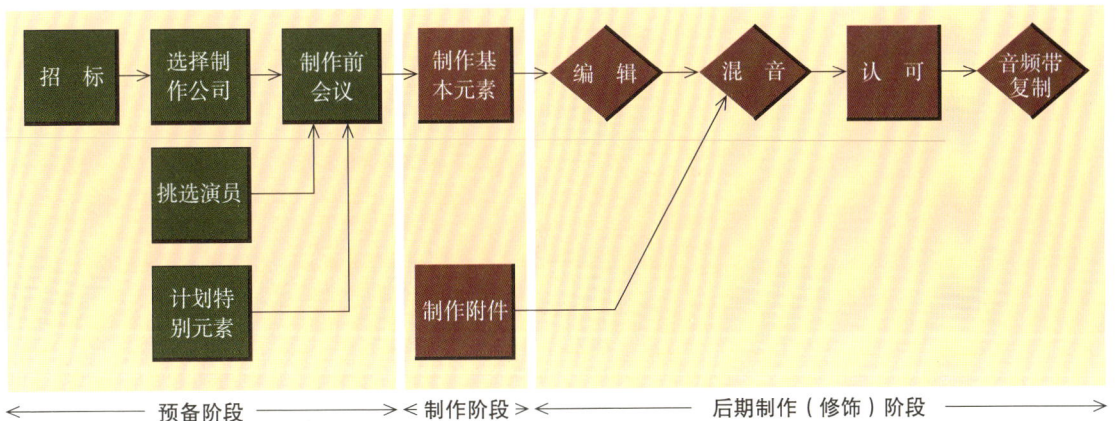

图表 3-5

广播广告有三个制作阶段，预备阶段和后期制作阶段一般最为复杂。预备阶段、后期剪辑和合成所需的时间往往超过实际录制的时间。

的认可。

为了控制制作过程，获得最佳的音响效果，大多数广告公司都使用独立录音棚。这是因为好的录音棚都拥有经验丰富的音响导演、录音师和先进的录音设备，并与著名演员保持着密切的联系。

在预备阶段，制作人（或导演）负责物色合适的演员。演员的选择非常关键，因为演员是一种标志，象征着产品的形象。因此，在拍板之前，广告主和广告公司首先要考虑几个因素：演员的音调、演员的声音表现力与创造力、演员的知识结构与思维方式以及演员的声望。汤姆·博德特的声音风格为汽车旅馆 6 表现出的特殊魅力足以说明好演员的价值：在三年内，汽车旅馆 6 从近乎倒闭的状态进入令人惊异的盈利状态，最后竟然成了全美最大的经济型汽车连锁旅店。而这就是凭着广播和汤姆·博德特亲

营销因素

随着汽油价格的上升，保护资源的政治、社会呼声的提高以及对有害气体排放的担心，许多机动车驾驶员开始重新衡量标准车的价值及其与环境的关系。与此同时，消费者又热爱自由、自在、隐私以及驾驶的刺激。虽然他们愿意寻找解决这一问题的方案，但他们却不想放弃车所能带给他们的好处。长期以来，这个问题一直使消费者和汽车制造商左右为难，迄今也没有解决。

背　景

虽然绝大多数汽车制造商才刚刚开始进入混合车市场，但丰田的 Hybrid Synergy Drive 已经是该公司的第二代混合动力车型，并且代表了最先进的技术水平。但很多消费者对混合车还抱着观望和疑虑的态度，他们觉得混合车会要求他们放弃普通轿车的那种方便性。因此 Prius 的广告活动必须向消费者表明，他们的这种认识不仅是一种误解，而且 Prius 更是一款具备普通车所有性能的车，甚至更出色。

营销与广告目标

将 Prius 和 Hybrid Synergy Drive 定位为针对普通车现有问题的激动人心的高科技解决方案。

目标市场   Prius 的主要目标市场由随时准备接受新生事物和科技进步的消费者构成，即早期采纳者；次级目标市场为绿色环保人士，即对环境负责并希望自己的车能反映出这种责任意识的驾驶员；最后，企业还将瞄准所有的驾驶员，因为这款革新性的汽车代表了未来的汽车。

创意战略   创意战略包括了产品概念、目标受众、传播媒介和广告讯息的组合。

1. 产品概念。Prius 线条明快、价格适中、聪明伶俐，是一个很好的解决方案——是一辆现在即可获得的未来的车。即使不优于，也必定不会输于普通车，不仅如此，它还有更多的优点：每加仑跑 55 英里；10 秒之内即可从 0 提速到 60；可以同时载 5 个人以及他们的行李，还不会使人感觉拥挤。

2. 目标受众。广告活动将侧重于关心当今由开车导致的问题（如燃料成本、污染、资源枯竭等）并希望自己能有所作为的那些驾驶员。虽然他们当中的许多人住在城市，但广告活动并不会专门瞄准城市人口。这些受众活跃、独立，希望在环保意识和拥有一辆车所能享受到的隐私权与自由之间保持平衡。外观也是一个必须要考虑的因素——他们需要表里如一的东西。另外还要考虑车的实用性和驾驶乐趣，这些驾驶员想要的车必须能适应他们活跃的生活方式。

3. 传播媒介。盛世提出了组合媒介活动，即在消费者杂志和车迷杂志上发布印刷广告，同时在供应 Prius 车的国家发布全球性电视广告。此外，盛世还将设计制作不同的在线互动网站。

4. 广告讯息。讯息战略是将 Prius 刻画成"未来之车"——刺激、新颖的智能车，可以做普通车所做的一切，甚至更多。印刷广告将采用干净、现代的方式来表现 Prius；电视广告则将重点表现车的突破性、前瞻性设计和性能。在基调和风格方面，广告将比较中性。

Prius 印刷广告工作指派单 一旦广告公司着手准备杂志广告，就要建一份工作指派单（如图所示），详细说明具体广告的名称、拼版指令以及为按时完成广告各人要在什么时间完成什么任务。

制作策划 创意草稿通过以后，制作总监着手准备电视广告和印刷广告的排期，其间要考虑这些因素：丰田的营销终止期、媒介截稿期以及外景地拍摄许可证、安全、季节条件和制作因素——诸如设备、制作后援人员以及其他人员设备等。制作部还要准备供公司和客户双方认可的成本预算。

印刷广告制作过程 印刷广告将突出白色背景下的 Prius，车的照明和拍摄效果将尽可能体现出时尚感。制作人员采用图库中的 Prius 照片来准备初步布局图，然后，工作

Prius 印刷广告——合成图片 广告所用的图像元素既可以从图片公司购买，也可以按构思的特定形象委托专人拍摄。在 Prius 一案中，盛世雇了一名摄影师在白色背景前拍摄 Prius，然后添加其他的图像和文字。

室为 Prius 拍摄的真实照片送到。照片拍得不错，但还需要电脑进行修饰，在某些地方增加亮度，并调整颜色。

印刷制作与发行 制作小组将经过认可的文案与图片放在一起，然后启动具有版面标记特点的电脑平面设计文件，该版面标记是按照将要刊登广告的杂志社所提供的

Prius 电视广告脚本确认
单　电视广告同样要经
过类似印刷广告的确认
过程。第一步是写出广
告脚本，并获得各个相
关部门的通过。

具体要求制定的。美术工作室用 photoshop 定好字体，然后用 Quark 软件在清晰度较低的情况下把所有组版拼到一起，最后的组版送交制版中心，在那里对图片重新扫描放大，提高清晰度，进行修饰。然后再将分色版和印刷打样送至广告公司。在所有这些都经过确认后，由制版中心将数字文件送至杂志社。

电视广告制作过程

盛世的客户主管蒂尔尼（C. Tierney）和创意总监道格·凡·安德尔依据盛世和丰田共同制定的广告战略草拟了一份创意提纲，把它交给文案马克斯·戈德塞和美术总监格雷格·布朗（Greg Braun），以便他们构思广告概念。他们共同酝酿和锤炼那条全球性电视广告的创意，然后将它们以初稿的形式交给客户部，请他们评议和批准。

根据选定的脚本，他们准备了几套故事板，格雷格·布朗挑选出供制作几套框图用的小图，把它们送交给广播影视制片人理查德·本狄蒂（Richard Bendetti）审核。选定的小图组合成最后的框图，配上文字，由台式电脑打印出来。框图和正文配好后，送交丰田的营销人员、总监以及其他有权审批的人，并当面负责陈述。创意通过后，制作预算和拍摄进度最后落实，制作工作正式开始。

制作预备　作为创意总监，道格·凡·安德尔有权选择是否聘请静物摄影师和摄影指导（DP），这能给两人提供更大的创意空间，也能使道格·凡·安德尔与他们更密切地合作。接着，创意小组研究脚本，将脚本分解成不同的元素和场景，分析各个场景所需的画面感觉和音响效果。拍摄工作开始，物色演员，到世界各地——日本、南非、纽约——选景。

道格和摄影指导塔尔森（Tarsem）仔细研究了故事板，选定了有趣的拍摄角度和分镜头，准备设备器材，召集和安排拍摄队伍，制定逐日拍摄目标计划。为确保工作的顺利进行，各方面还要协商谈判，签订合同，还要与各种服务公司和技术人员打交道，诸如保险公司、餐饮服务公司、特殊设备（如灯光、吊臂、移动摄影车、移动电话等）、胶片冲印社、旅宿汽车、许可证和交通运输等。这些事绝大多数由理查德·本狄蒂来负责。

制　作　由于Prius广告是一条全球性广告，准备向全世界发布，因此这条广告的讯息必须超越本土语言和文化标准。即使不靠文字，这条广告也应该能传达出"Prius是一辆独特的、技术先进的车"这样的讯息。虽然广告最初的创意侧重于车的环保性，但调查显示，那些追求环保型车的人已经知道了Prius。因此关注市场中的那一部分人没有意义。尽管盛世和丰田仍然觉得有必要让人注意到Prius的环保优势，但它的先进技术、易操作性以及低油

"向前的动力"电视广告故事板　电视广告故事板与文案同时设计。故事板是对广告的视觉呈现,由草图构成,表明在成品广告中美术总监将在各个画面中运用什么概念、拍摄角度、音效以及特技。

耗更是其真正的卖点。

Prius 的 60 秒全球性电视广告计划用两个星期的时间,在仲夏季节拍摄完成。但实际上,拍摄广告只用了六天的时间。拍摄小组勘察了四个国家,而拍摄则分别安排在五个地点:南非的一个乡村、伦敦市里的一条街道、西班牙南部以及东京一个繁华的十字路口中间。

盛世想拍摄一条能为其新广告语"向前的动力"充当视觉象征的广告。他们设想中的广告要突出表现小车、巴士和行色匆匆的行人。然而,车却并没有往前开动,只是车轮在一圈又一圈地空转,而街上的行人看上去也是各走各的路。这种场景可能发生在不同的地方——无论是城市还是乡村,在地球的每一个角落。突然,Prius 出现了,这是整个广告中唯一在向前运动的物体。即使不要任何文字,人们也可以清楚地看见,Prius 不像当今的普通小车,非常适宜于奔向未来,但与未来的车不同的是,现在要拥有一辆 Prius。

盛世的创意小组想在制作广告的过程中尽量少用特技和电脑生成图像。虽然有人几次告诉他们不能这么做,但摄影指导塔尔森坚信自己的设想完全行得通。事实也确实如此。他们将几台小型踏车运到世界各地的拍摄现场，将它放到演员和车的下面，这便使得演员在后来的广告中呈现出自然的步态和肢体语言。踏车在后期制作时去掉。

后期制作：从素材片到播出片

拍摄完成后，立刻进入后期制作阶段。回到洛杉矶后，胶片被转换成数字形式，在一台 Avid 电脑上审看并挑选关键的镜头组接。在编辑过程中，每个场景都要进行修饰，然后组合成引人入胜的广告成品。电影、广告原创音乐人阿什顿·斯潘塞（Ashton Spencer）受聘为这条广告创作音乐。道格希望音乐像广告一样开始弱一点，然后再真正展开。他将自己的设想与斯潘塞进行了沟通，等斯潘塞再回来时，拿出来的就是道格想要的电子录音。

广告结果

尽管 Prius 不是丰田最大的业务，但却是极为重要的一个，也是成长非常迅速的一个。正如前面提到的，广告活动非常成功，以至于盛世不得不撤回一些广告，因为 Prius 已经无法满足日益增长的需求了。

"向前的动力"电视广告拍摄完成之后，素材进入编辑工作室，在这里合成音乐、特效、字幕等，形成最终的广告。就"向前的动力"篇而言，拍摄广告时为产生自然步态而使用的踏车，在后期制作阶段会被去掉。

切和蔼的广告（"我们只收您 20 块钱，而且永远亮灯等您"）。

如果脚本要求配乐，制作人要决定是选用预录音乐还是请作曲家或配器师专门作曲。一般说来，制作人所需的任何音响效果都可以创作产生，大多也可以从预录资料带上获得。当然，采取哪种方式肯定会影响到预算，但它们所产生的效果也会极大地影响到广告的效果。

演员找好，音乐也准备妥当之后，**导演**（director）开始指挥排练，直至万事齐备可以录音为止。

制作：编辑

广告要用的所有元素——人声、音乐、音效——集中到一起，进行一场录制。广告的特点不同，录制**一场**（session）的时间长短也不同，短的半个小时，长的超过一天。由于录音棚以小时为单位收费，因此，预备阶段的排练就显得相当重要。

录音棚

在一场录音中，人声演员和音乐演员都在录音棚内表演。录音棚内有隔音板表层、铺了地毯的地板、话筒、导播窗以及将导播室与仪器设备相联的墙式插座。

录音棚的标准设备有话筒、受话式耳机和扬声器。播音员和歌手用受话式耳机接收导播室里导演的指令，在演唱的过程中监控预录的乐器声道，以免音乐声道被录到声音声道上。

录音师和工程师仔细挑选和调试话筒，直至能表现声音的全部音域为止。录音棚内一般都设有独立的录音间（一间带窗户的小屋或一个独立区域），用以阻隔外界噪音或后备演员的说话声，使录音师得以更好地平衡整一台精密的音控台可以通过电子手段操纵声音，使声音更尖一点或更低沉一点、回音多一点、高音或低音更重一点。音控台的多声道合成能力和音响增强能力在后期制作中相当有用。

个合成声音。

导播室

广告公司制作人、导演和录音工程师（往往还加上客户和客户主管）坐在**导播室**（control room）里，在那里监控录音棚里产生的所有声音。一个厚玻璃窗和几面隔音墙将导播室与录音区隔开，这样，监听的人既可以听到话筒里演员的声音，又可以同时讨论各场录音的效果。

导演和录音工程师借助一台**音控台**（audio console，又叫 board）控制录音，用中央"切换台"控制声音，然后将声音送至相应的录音设备上。在他们监控录音室输送过来的声音时，要保证声音的音调和强弱符合播出要求。

控制台还具备合成功能，可以将现场音响与预备音响混合，供直播或后期播出用。控制台与一大堆录音单元和重放单元相连，包括多声道录音机、盘式录音机、盒式录音机和 CD 机。

后期制作：修饰

广告经过多次录制之后，挑选出录得最好的一版。录音工程师一般分别录制音乐、音效和人声，然后在**后期制作阶段**（postproduction phase，又叫做修饰阶段）合成和润色。最后完成的录制品就是**母带**（master tape）。

工程师从母带上制作出**复制带**（dub），将它们录在四分之一英寸磁带上，然后送电台播出。

电视广告制作过程

在约翰娜为丰田 Prius 创作印刷广告的同时，另一组创意人员则在对面的一间办公室里忙着创作电视广告。创意人员已经想出了一个大创意，而且在战略上符合预算的要求，但要将这个创意转换成电视却并不容易，制作必须极其出色才能可信地传达出创意概念，与受众形成共鸣。也就是说，他们必须动用公司最好的电视制片人。于是他们决定将这个任务交给理查德·本狄蒂。

广告制作人的作用

如今，像本狄蒂这样的广告公司制片人必须是个通才，不仅能与各种技师合作将一条广告的创意精髓付诸实现，而且还要有控制预算、合理运用大宗开支的能力。[19]

广告专业的学生应该了解一些电视广告制作方面的基本情况，这样才能了解如何制作广告，为什么制作一条广告费用那么高，如何在不牺牲质量与效果的条件下降低成本。

和广播广告的制作一样，电视广告的制作也分为三个阶段，如图表 3-6

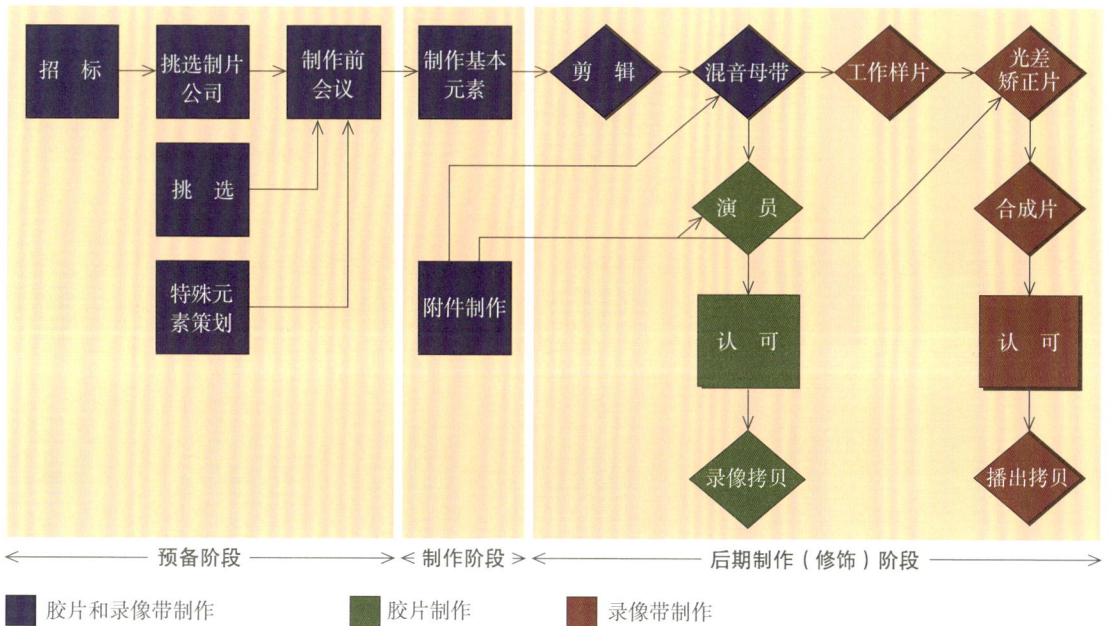

图表 3-6
电视广告制作流程与广播广告非常相似，其差别在于混音之后。计算机剪辑已大大提高了录像带的修饰速度。

所示：

1. 预备阶段：实际开拍前的全部工作。

2. 制作阶段：广告实际拍摄与录制阶段。

3. 后期制作（修饰）阶段：拍摄完成后的剪辑、修饰工作。

上述每个环节都会对广告的成本和质量产生重大的影响，如果想了解这三个环节对成品广告有着什么样的影响，可参见前文的广告档案：创作部：一条杂志广告和一条电视广告从概念到制作的诞生过程。

预备阶段　制作前的周密策划可以为广告主节省大量的资金，这正是**预备阶段**（preproduction phase）的目的。因此，制片人要做的第一件事就是仔细研究脚本和故事板，分析拍摄过程中要用到的制作技巧。目前有三大类制作技巧：实景真人、动画和特效。

实景真人

为了将人物或事物刻画成实际生活中的样子——就像典型的生活片段型广告那样——广告创作人员可采用**实景真人**（live action）拍摄技法。

如果广告要求实景真人拍摄，那么制片人必须考虑是在摄影棚内搭景

在预备阶段，美术总监、文案和制片人要对拍摄 30 秒广告所需的每一个细节进行充分的讨论。在这一阶段，创作小组用速写的形式画出故事板，大致体现出广告要表述的内容。任何重大变动都应在这个阶段完成，因为开拍之后再在脚本或拍摄方向上出现变动，将会导致制作成本的大幅度上涨。

还是在外面的场地，抑或是到远离摄影棚的外景地？是用磁带还是胶片？所有这些因素都会影响到：需要什么设备和人员，到哪里获得服装，需要办理什么许可证，可以用哪些演员。当然还有，广告需要多少成本，如果要使用儿童演员，还必须事先经过排练，儿童和动物是难以预料的因素，经常会导致制作的延期。

　　在和创意小组讨论后，理查德认为，拍摄 Prius 的最好地点是外景地。这就意味着他们要在世界范围内挑选几处外景地，也就意味着他们必须与国外的相关部门沟通，以便取得签证和必需的地方官方许可证、警察保安以及清场保障。在日本，他们就遇到了一点麻烦，当地政府要求他们在主要十字路口拍摄时不能阻碍交通。

动　画

　　动画（animation）指卡通、木偶以及无生命的物体表现出生命的形式。动画可以非常有效地传递一些难度较大的讯息，或到达一些特殊的市场，如儿童市场。

　　传统的动画技法有：卡通、图片动画、逐格拍摄和影像动画。卡通最受观众欢迎，寿命最长。因此，如果是长期播出，其每播出一次的费用是

电脑动画正日益成为沟通和劝服的良好工具，威顿＋肯尼迪东京公司给耐克亚太区所做的这条广告将动画和实景真人结合在一起，向热爱运动的年轻人传达"连续移动"的概念。

最便宜的。不过，卡通片的初期制作费用非常高，一条完全是动画的广告，其制作成本可能超过 200 000 美元。[20]

特　效

如今，许多影像动画和绝大多数**特效**（special effect）——诸如移动字幕和旋转标志——都可以借助操纵杆来完成。几乎所有大型录像制作公司现在都有专用的**数字视频特效装置**（digital video effects unit，即 DVE unit），可以控制屏幕上的图形，如渐显/渐隐、划、变焦、旋转等。

特效能愉悦观众，而且也能为广告本身赢得奖赏。但如果销售讯息比较复杂，或逻辑性比较强，也许其他技巧效果更好。任何技法的运用都不可喧宾夺主，不能让观众对技法的注意超过对产品本身或重要讯息的注意。另外，花样或**助记手段**（mnemonic device）——如劲量小兔或绿巨人骄力——过多也可能混淆受众的视听。大卫·奥格威说，花样必须切合产品的诉求，并加以强调、突出，才能在观众脑海中留下最深刻的印象。[21]

制作策划

广告是一项团队工作，这个创作团队包括一名文案人员、一名美术指导、一名制片人和一名导演，有时，还有一名编舞和作曲。广告公司的制片人负责项目按预算准时完成，他一般将故事板文案送到三家制作公司进行招标。

制作公司找好后，制片人和导演着手挑选演员和雇用播音员，然后搭建拍摄场地。在导演的指导下，摄制组人员进行排练。

对于很多广告来说，最重要的决策是聘请一个导演。Prius 的案子就是这样的。在盛世物色导演（对于这个案子而言是摄影指导）的时候，好几个人都告诉他们说给 Prius 的创意必须拍摄各自运动着的车和人，因而要动用大量的特技。盛世有点犹豫，他们想尽可能少地动用特技来拍摄这条广告。对于道格来说，塔尔森是导演的最佳人选，这不仅是因为塔尔森对 Prius 的创意有激情，还因为他同意尽量以最自然的方式来拍摄这条广告。

在制作预备阶段，总监、广告公司制片人、客户代表、文案、美术指导、广告导演，可能还有广告主以及其他重要成员之间要召开制作前会议，消除隐患，并最后敲定场景、演员和播音员。在此期间，他们要检查所有的元素——音乐、布景、动作、灯光以及拍摄角度等。一条拍好的 60 秒胶片广告只需 90 英尺胶片，但其拍摄却需要好几天，要用掉 3 000~5 000 英尺胶片。与磁带不同的是，胶片不能重复使用。（见广告实验室 3-B：胶片抑或磁带）

音频可以在实际制作前、后或期间录制。提前录制音频可以确保广告的长度正好合适，还有助于提示拍摄对象根据某个特定的音乐主题或节奏运动或跳舞。

制作：拍摄　实际拍摄日程可能又长又累。仅仅是为了按导演的要求布置灯光，拍摄小组就可能花上好几个小时。拿 Prius 广告那次拍摄来说，就在计划的两周内花了整整六天的时间。现在，制片人可以利用一些现代化技术控制音响、灯光和表演。

音响：背景安静

录制和控制音乐与音效的程序与制作广播广告时差不多：话筒捕捉声

胶片抑或磁带

目前，直播电视广告还非常少见，即便那些看上去像直播的广告，实际上多半也是用录像带录制的，绝大多数全国性广告是用彩色胶片拍摄的。胶片能呈现一种柔和的肌理，而这是直播和录像带所不具备的。由于胶片拍摄是最传统的方式，因此，制片人有一大堆经验丰富的演员可供选择，此外，胶片的适应能力非常强，可以拍摄多种视觉效果、慢动作、长镜头、气氛镜头、快动作以及各种动画。虽然胶片比较贵，而且大多数的归宿都是剪辑室的地板，但复制胶片正片却比复制录像带拷贝便宜。

不过，录像带的画面更鲜艳，保真度更高，看上去更真实，更具"实况"味，而且，磁带在质量上比胶片更统一。磁带最大的优势在于它能倒带，可以趁着道具和演员还在现场就立即检查所拍的场景，在必要时重拍。此外，电脑技术已将剪辑的时间降低了 90％。磁带几乎可以永久播放，而胶片广告只能放 25 次左右。

现在，很多导演为了表现画质和特殊感觉的气氛，先用胶片拍广告，然后将冲洗过的胶片复制到磁带上（胶转磁）进行剪辑，胶转磁的费用更高，但能提高修饰速度，而且当时就能看到视觉效果。不过，仍然有一些导演喜欢在胶片上剪辑，因为，胶片的表现力更宽广，创意性更高。

实验室应用

某些产品和某些广告用胶片拍摄效果更好，某些用磁带拍摄更好。请列出三种产品（或三个品牌）和三种广告，你认为每种产品和广告采用哪种媒介（胶片或磁带）效果更好？为什么？

音，录音机在磁带这类媒介上传输和保存声音，然后，借助一架多声道控制台，音响师按所需效果操纵声音，再把它们录制到胶片、录像带或与胶片同步的重播系统上。

但原始录音是成功的关键，原因有两个：第一，原始音频与原始视频以及演员表演的动作和感情是同步进行的，再创作无论如何也不可能与原版的速度和感觉一模一样。

第二，在作品未完成之前，原始录音经过一次一次的反复，每次难免要损失一点保真度，因此，必须用高质量的录音设备。

灯　光

　　导演和电影摄影师要处理各种光源，例如，一个人站在窗户旁边的场景大致需要三个光源：透过窗户进来的日光；照亮拍摄主体和室内景物的高强度室内光；充当道具的普通台灯。所有这些光源发出不同类型的光线，会对影像产生不利的影响。为了避免这种情况，灯光师必须对光线进行测量，根据脚本的特定要求调整灯光和风格。

　　经验丰富的**电影摄影师**（cinematographer）一般只需大致看看光源就能推测出光的范围和密度，但他们仍然要依靠曝光表来决定镜头**光圈**（aperture），即控制到达胶片或磁带的光线大小的孔径。如果想得到正确的色彩和亮度，所有光源必须保持协调。

　　灯光的布置——无论在摄影棚内，还是在制片厂内，或是在外景地——能营造出一种视觉气氛。来自一个光源的强光会产生生硬的效果，可以用来引起观众的好奇心。摄影师利用滤色镜、暖光、柔光网和反光板，可以营造出一种红红的、和谐的、柔和的影像和一种非常浪漫的情调。导演与美术指导、摄影师以及灯光师共同挑选出最合适的布光位置、类型和密度。

摄影机

　　拍摄电视广告的专业胶片摄影机采用 16mm、35mm 和 75mm 的胶片。这里的 16、35、75 指的是一帧胶片的对角线长度。

　　过去，地方性电视广告的制片人常常采用 16mm 的胶片，这种胶片颗粒较粗，比较便宜；全国性广告多采用 35mm 的胶片，以确保画质和精度；75mm 的胶片画质最好。胶片能营造特殊气氛，因而仍然广泛应用于全国

台词提示器能让讲话者在与自己的受众保持目光接触的同时看到台词，根据讲话者是面对镜头（如图所示）还是面对现场观众，有不同类型的台词提示器可供他们使用。

性广告，不过，地方性广告现在大多使用录像带。

固定在带轮子的活动支架上的大型室内摄影机能随身配备许多附件，其中最重要的是固定在镜头上的**自动台词提示器**（teleprompter），这样，在讲话人读出反射在他们前面的活动文稿的同时，摄影师就可以通过双向玻璃观察他们。

与胶片摄影机不同的是，室内摄像机是通过大型电子电缆与导播室相连的。在导播室内，几台视频屏幕和音频频道通过电线与主控台连接，导演可以通过主控台，从一台摄像机切换到另一台摄像机，同时调整声音和图像的输入输出水平。主控台还配备有视频特效装置，可供创作人员在屏幕上生成图文。

表演：表演与演员

广告表演可以在封闭的摄影棚内进行，也可在制片场或外景地进行。当然，在棚内进行最好控制。

绝大多数制片厂或摄影棚都有完善的隔音装置，以避免外界的噪音，如汽笛声和飞机低空飞行的轰鸣声。摄影棚完全不透光，以便进行全面的灯光控制，特殊设备在摄影棚这种控制条件下更好使用。但是，室内灯光总会让画面产生人工的痕迹。

对那些要求大空间、历史建筑、独特建筑、自然风光和自然光效果的场景，制片场能达到最佳的控制效果，**制片场**（lot）是一块能隔绝杂音的室外场地，有利于美工搭建布景，并可以使布景保留不动，直至所有拍摄和重拍工作全部完成。

　　外景地（location）拍摄虽然能增加真实感，但对技术设备与后勤人员却是严峻的考验。每个外景地都有其自然的或人为的阻碍，例如，自然光会产生明亮的高光区，与阴影形成强烈的反差，如果想使曝光更均匀，就必须动用大型反光屏和高强光冲淡阴影，使曝光显得均匀。另外，灯光和设备所需的电源也可能不够，需要配备长电缆或便携式发电机。然而，由于不用搭建布景，外景拍摄不失为拍摄低成本广告的一种好方法。但是，自然条件，像风、雨、雾之类，都有可能导致拍摄中断，增加成本。

　　外景拍摄给使用摄像机的导演带来了特殊的挑战，他们必须动用卡车、货车、旅宿车或拖车，把它们与音像录制设备连接起来。在车中，一排电视监视器和一台多频道控制台负责指挥同时运行的几部摄像机。

　　无论是室内拍摄还是外景地拍摄，绝大多数场景都不会一次拍摄成功，总要反复试拍几次才能使**演播人员**（talent）找到最佳位置，有时，突然会冒出一个意想不到的阴影，这时就要重新调整灯光。每个场景都要分别从两三个不同的角度拍摄：一个用来表现人物；一个只拍说话人；另一个拍观众的反应。

　　场景不一定非按顺序拍摄，不需要同期声的场景一般放在最后，因为这时不需要全班人马都到现场。

　　镜头之间的转换需要较长的时间，移动摄像机、重新布置灯光、演员重新站位，以及表演声音和化妆与其他镜头的匹配与衔接，这些都需要时间。每一次表演都必须和其之前、之后的表演衔接得天衣无缝。支离破碎、毫不连贯的广告会破坏其可信度。

　　一旦所有场景都"进了胶片盒"，广告便进入后期制作（或修饰）阶段。

在任何广告的制作中，幕后工作人员的人数一般都多于在屏幕上出现的人数。除了导演和导演助理外，其他重要的幕后工作人员还可能包括声音编辑、灯光师、电工以及舞台工作人员等。

后期制作　在**后期制作阶段**（postproduction phase），剪辑师、混音师和导演共同完成广告的剪辑、混音和合成工作。

在电脑和录像技术的帮助下，剪辑师可以将胶片转换成磁带，并且增加一些特效，如划像和渐隐/显。虽然导演在磁带上编辑一条广告要花费若干个小时，但与在胶片上进行编辑相比，时间已经非常少了。

尽管如此，一些专业人员还是喜欢用胶片。广告的影像部分拍在一卷电影胶片上，不带渐隐、渐显、字幕或**叠**（super，即文字叠放在画面上）这类特效。音响部分配在另一卷电影胶片上，这就叫**工作样片**（work print，又叫粗剪片，英文 "rough cut" 或 "interlock"）。

然后，录制外界音响，如音乐、歌曲或旁白，可以外购录好的音乐素材，再合成到广告中。混音阶段还包括录制音效，如门铃声、关门声等。

音响部分剪辑完毕后，将完成的声音录到胶片上，再与接近完成状态的影像胶片合成，制作出**合成样片**（mixed interlock），再添加一些视觉效果和字幕等，制作出**合成片**（answer print），这就是最后的广告成品 ，如果得到客户的认可，不再修改，制片人便可以着手复制送电视台或联播网播出的**拷贝**（dupe，即 duplicate copy）。

数字媒介的广告制作

看过最近的奥斯卡金像奖颁奖典礼没有？在奢华的柯达剧场——自 2002 年以来的奥斯卡金像奖颁奖典礼场所，"媒体席位"设在乐团的中央，即主楼层。正是从这个位置，电视制作技术人员协调着那场一年一度的多媒体盛宴。在家观看的观众也可以参与到那个大型数字媒体事件中。如今，数字媒体优势使得 ABC 播出的奥斯卡颁奖典礼视频与音频只比现场晚几秒钟，其先进程度已不止是单纯地在播出前将粗口脏话抹去。其第一次投入使用

在后期制作阶段，导演和剪辑师可以借助计算机化的影视与声音编辑设备合成最后的效果，从而节省大量的时间与资金。在这一阶段，导演和剪辑师要挑选和剪接镜头，将它们按各自相应的顺序进行调整，去掉所有不必要的素材，然后加入镜头以外的特效（如字幕），然后再加入必要的音乐和旁白。

闭路电视节目

丹是一个中年男子，因为中风，刚刚住进本地的一家医院，正在接受治疗。由于卧床不起，无法动弹，他大部分时间都只好看电视。一天，正当他百无聊赖、晕晕乎乎地在各个频道之间搜索的时候，他碰巧看到这么一个节目：一个穿蓝格子衬衣的男人坐在一间医生办公室，一个声音说："丹尼尔一直不知道自己的胆固醇高，直到有一天他突然中风。"丹一下子注意了起来。

在接下来的半个小时内，这个节目开始讨论"好"胆固醇和"坏"胆固醇之间的区别，解释它们与心脏病和中风之间的关系。然后节目结束，紧跟着是一小段广告。

广告宣传的是保栓通膜衣锭（Plavix）。广告中，一位慈祥的老奶奶说，这是"一种能保护近期遭遇过心脏病和中风病人的处方药"，而镜头则接到她与孙儿们尽享天伦之乐的画面。

这样的情形每天都可以在遍布美国的约 1 000 家医院中看到，这要归功于患者频道（Patient Channel）的开通。这个频道每天 24 小时直接面向病房或候诊室里的病人播出，而且不向病人和医院收取任何费用。

该电视网由通用电气公司于 2002 年 9 月创办，是面向医院、学校和健身中心播出新闻和教育节目的众多闭路电视节目频道之一。然而，让它们真正登上全国新闻媒体标题的并不是其中的新闻或节目，而是其中付费的广告，如保栓通膜衣锭的广告。这引起了极大的争议。

对该频道持支持态度的主要是医药企业，因为他们突然有了直接向 2 200 多万病人进行广告宣传的通道，而在此之前，没有哪家制药厂有机会"将自己的产品与医院这种特定环境联系起来"。有了这么一种直接面对消费者的广告途径，制药厂就更有机会从自己的新药和专利药中谋求到更大的利益。

持反对态度的则由一个叫"广告警报"（Commercial Alert）的消费者保护团体牵头，他们认为患者频道的广告"是在病人最担心自己疾病的时候，采用一种含蓄的医院和医生权威，向他们推销药品"。此外，该团体还认为这个频道不正当地利用了"正处于身体上最虚弱、心理上最脆弱的状态"的受众。

为了反驳这种言论，支持者指出该电视网还播出了含教育内容的节目。联邦政府规定，医院有责任对病人进行一定的教育。而药品的广告主——通用电气公司——以及医药行业中的其他一些人，也认为这个频道是在帮助医院完成这个教育功能，同时还解放了已经负荷过重的护士。不过，这个观点仍然遭到了反对。虽然该频道的教育功能对病人来讲很有价值，但广告警报团体却认为信息应该通过平衡的、令人愉悦的、不偏不倚的媒介加以传播，而不应该是药品推销宣传中的穿插表演。

医院不是唯一一个设置闭路电视节目的场所。在过去的 16 年间，1 频道（Channel One）一直在向美国的中小学课堂播放新闻和时事节目。每一天都会有 700 万中小学生收看 12 分钟突发事件报道和青少年节目，当然，这些节目也是由广告支持的。

在节目中，1 频道通过青少年易于吸收和理解的方式，让他们意识并参与许多问题。此外，为了加强课堂学习，1 频道还建立了面向青少年的网站，供他们了解更多的新闻和青少年最新流行资讯，发表自己的观点，玩游戏，做试题，帮助他们认识酗酒和滥用毒品的危害。另外，针对 1 频道所能到达的家长和 11 000 所私立、公立以及教区学校的教师，1 频道还利用自己开设的网站 ChannelOneNetwork.com 给他们提供教学工具和讨论指南，以丰富他们与青少年之间的新闻话题。

但是，1 频道中的广告有一次引发了大家的争议。和患者频道一样，开设免费电视课堂和录像课堂的成本是由伴随着新闻的广告来承担的——而这些广告多半是垃圾食品的广告。有些学生和家长大声疾呼，要求撤掉这些节目。他们认为青少年不应成为虚假广告的牺牲品。一位家长说，他之所以反对 1 频道，是因为它给更多的商业广告进入学校打开了方便之门。他说他痛恨"住在这样一个地方——孩子们跑在百事可乐跑道上，或在耐克体育场健身"。其实，他们最担心的，是这个年龄段的孩子正处于一个极易受影响的时期，因此，1 频道播放的垃圾食品广告有悖于道德。

在这场论战中，正方和反方似乎都有充分的理由，人们很难想出两全其美的办法来彻底解决这些问题。随着闭路电视节目在未来的日益普及，这个媒介如何发展，还要看广告主如何利用它以及消费者如何对此做出反应。

资料来源：Alexandra Marks, "Patient Channel in Hospitals: Healthy Move?" *The Christian Science Monitor*, March 19, 2003 (retrieved from www.nexis.com); Suzanne Vranica, "Patient Channel to Blast Ads at Bedridden," *The Wall Street Journal*, September 26, 2002; Stephanie Riesenman, "Critics Object to Drug Ads on Hospital Channel," *Reuters*, February 26, 2003; "Keep Drug-Sponsored 'Patient Channel' Out of Hospitals, Doctors Say," *Commercial Alert News Release*, February 25, 2003 (retrieved from www.commercialalert.org); www.channelone.com (www.channelone.com/common/about); www.channelonenetwork.com; Mike McWilliams, "Channel One Broadcasts Stir Debate," *Iowa City Press-Citizen*, February 27, 2003 (retrieved from www.nexis.com).

是在 2004 年，是为了防止再发生类似于珍妮·杰克逊（Janet Jackson）"世界碗露点"风波（珍妮·杰克逊在 2004 年 CBS 播出的超级碗节目中突然爆出乳房，7 月 21 日联邦地区法院对此走光露点行为开出了 55 万美元的罚单。——译者注）那样的不幸事件，避免法律纠纷。奥斯卡颁奖典礼的现场直播往往因其流畅的剪辑、现场表现、舞台表演和观众反应镜头而给自己赢得了一座艾美奖。

数字媒介的兴起　这一新生事物的源头其实应该追溯到 35mm 摄影机和低成本的幻灯片。还记得你的邻居从巴黎回来向你们显摆他们拍的幻灯片的情形吗？

尽管幻灯令人感觉乏味，但家庭幻灯这种新生事物还是很快被工商业界吸收，成为销售演示、企业股东会议和午餐会发言的固定套路。

一些商界人士认为，给幻灯加上点音乐或专业播音员的解说也许会使幻灯片更加生动活泼，于是，专业幻灯演示诞生了，一种新的广告媒介也诞生了。幻灯演示很快被销售人员接受，于是，为企业撰写、拍摄和制作高品质专业幻灯片的公司如雨后春笋般在全国涌现出来。

音响＋音乐＋动作＝多媒体

于是，大家便开始设想采用复联屏幕和复联投影仪，从一张幻灯片快速切换到另一张幻灯片，配上同步的音乐和音效，产生出活动画面的感觉。这就是**多媒体演示**（multimedia presentation）的诞生，实际就是指同时利用多个传播媒介传播信息或娱乐观众的形式。

很快，影像和动画也加进了这个组合。在一场多媒体演示中，观众可以在 2~12 个屏幕上同时看到幻灯和影像，加上专业化的解说、音乐和音效，非常有表现力。

多媒体＋电脑技术＝数字媒介

随着个人电脑的广泛应用、美国电话电报公司的解体、广播和有线电视业管制的撤销、DVD 技术和光导纤维的发展，媒介革命的舞台已然搭好，**数字媒介**（digital media）应运而生。从本质上讲，数字媒介就是将多媒体的逻辑与电子系统的能力以及现代通信、电视和电脑的控制技术相结合的传播渠道，是电子媒介的一个分支。其实我们已经在很多场所见过它们的踪影了。

数字媒介的应用范围

今天的数字媒介应用场所是以受众规模来划分的，大致分为以下三大

数字媒介的产生要求创意人员具备一套全新的广告制作技术。美术指导和设计师必须了解如何将平面与影视融进一个单一的媒介中，而且还必须了解制作这类作品的计算机语言的特点以及局限。

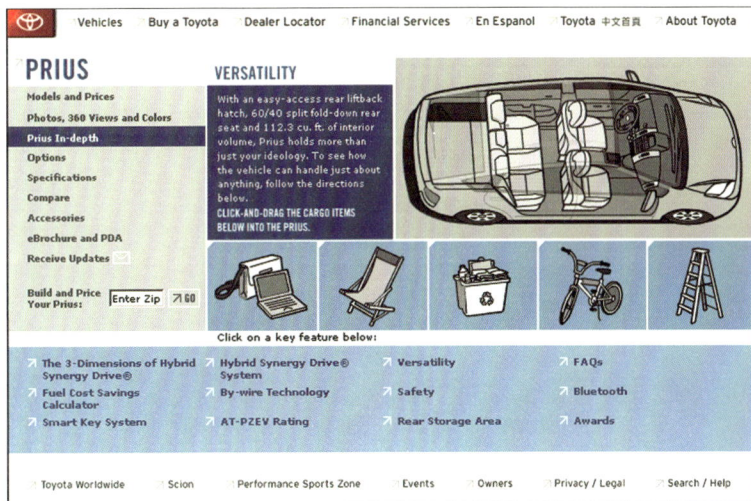

类：公共场所、私人场所和个人场所。

奥斯卡颁奖晚会是典型的**公共场所**（mass audience venue），成百上千的现场观众再加上几百万在家收看晚会的电视观众，这种多媒体表演获得了很高的到达率。多媒体还应用于重大体育赛事、奥运会开幕式、政治集会以及其他群体活动中。

许多数字媒介活动出现在**私人场所**（private audience venue），但这种私人场所的规模有时也很大。大卖主的全国性销售会议、大型企业会议、有10名以上与会者的销售会议、培训大会、培训研讨会和地方信息中心等，都可以使用电脑化多媒体演示，并利用 *Powerpoint* 这类软件系统来告知、劝服、提醒和娱乐观众。

个人场所（personal audience venue）是当今发展最快的场所。一个人坐在个人电脑前面便可以从互联网上接收在线数据库服务公司（如雅虎或美国在线）提供的多媒体信息，或从商店购买的软件中获得多媒体信息。人们甚至还可以从网上下载媒体播放器（如 QuickTime，Adobe Acrcobat，Windows Media Player），利用幻灯和有限的动画，为自己创作一套迷你多媒体程序。

很快，装有互动电脑的小亭子（见本章前文）便将大地的风景装点得五彩缤纷，为人们提供了与电脑交流的机会和场所。电脑亭可以推销产品、提供信息、愉悦观者。

最后一点，**互动电视**（interactive TV）有可能成为另一种个人受众场所。在看电视的同时，人们可以通过遥控系统即时进入互联网，甚至（这种情况比较少见）按自己的喜好引导节目编排。往日最大的大众传播媒介——电视——现在变成了最具个人色彩的媒介，这真是一个讽刺。

**数字媒介在
广告中的作用**

随着整合营销传播潮流的兴起，各种数字媒介为企业提供了到达受众、建立关系或改善与现有顾客关系的新途径。

有时，媒介本身就是广告，如多媒体销售演示或宣传某家公司商品信息的专用电脑亭。然而有时，数字媒介又是一种窄播的形式，广告主可以购买上面的时间和空间进行自己的广告宣传，广告多半就是一块刊有公司名称或品牌名称的电子海报。如果采用互联网广告，广告主可以在网上建一个虚拟门市部，也就是网页（Web page），或在其他企业的主页上放一块广告条幅。访客如果点击主页上的某一个"按钮"，屏幕上就会出现一个新的页面，上面有关于企业及其产品、方针或价格更详细的信息。我们又回到了出发点，这不就是活脱脱的幻灯片吗？不，实际上这是多媒体。科学技术的发展日新月异，每天都有更快、更好、更低廉、更引人入胜的技术产生。

对广告公司制片人来说，这无疑为他们提供了令人振奋的挑战和机遇。虽然目前还不能全部实现，但每个人都清楚自己会看到什么：触摸屏幕上的某个按钮，一条完整的影视广告或技术影片就会出现在眼前，再点击一个按钮，一个人就会出现在网上。新生事物产生的可能性永无止境，挑战也相生相伴。

**数字媒介广告
制作人**

一些专家预言，随着创作人员对新媒介的掌握，他们所能提供的信息越来越多，表面富丽堂皇的东西会越来越少。在这种形势下，一场创意风格和创意效益的实质性革命看来势在必行。[22] 随着媒介载体的数量以超出人们现有想象力的倍数增长，制作经理和制作人的队伍将日益壮大，新头衔会突然出现在广告公司的花名册上，像多媒体制片人、多媒体导演、多媒体技师、互动策划人、互动文案、计算机程序员、系统设计师、电脑亭媒介采购员等。在盛世广告公司，内森·哈克斯托克（Nathan Hackstock）的头衔是整合营销部创意总监，和他共事的是一群专门为盛世的客户创作互动媒介广告的美术指导、文案和制片人。在广告公司以外，还有一批新的下游公司：电脑亭制作社、互动软件开发商、DVD 生产商和数字媒介购买公司等。

数字媒介广告
制作过程

对数字媒介而言，其广告制作过程就是我们前面讲过的其他过程的混合体。这是因为，某些数字媒介像印刷和户外媒介（如电脑海报和主页），而另一些则与电视和广播紧密相联。

自 1994 年以来，《热线》（HotWired，www.hotwired.com）一直是电脑发烧友的热门在线杂志。请访问《热线》网站，看其是如何将动画、影像以及其他多媒体形式融合在这种个人互动受众场所中的。

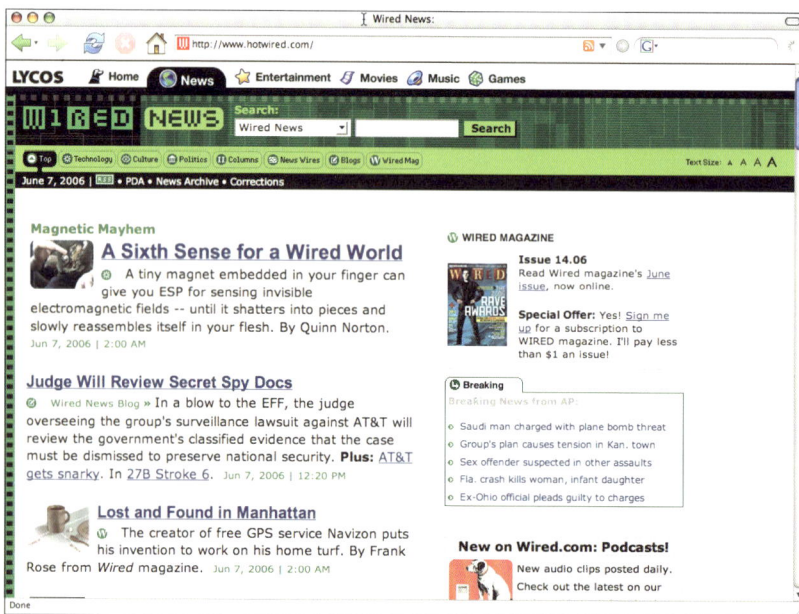

正如我们在本章所见，无论采用哪种媒介，制作经理或制片人都要有计划地展开各项活动：预备、制作和后期制作。预备阶段包括策划、计算成本和雇用人员、租用机器；制作阶段创作插图和影像、录制影像和声音、设计电脑程序；后期制作包括剪辑、复制和发行活动。数字媒介的差别只在于制作阶段和后期制作中的某些细节。

新的媒介自然会带来新的收费标准，[23] 其中之一便是**平台使用费**（platform licensing），即为获得进入某些计算机网络中多媒体程序的专门关键密码而支付给原始软件开发商的费用，还有购买和租赁新设备、制作或复制 CD-ROM、软盘以及任何可供传递广告主讯息的新媒介的费用。

一个令人振奋的新世界正等待着我们，它不是即将出现，而是已然存在。

本章小结

　　广告制作是否成功，关键在于管理是否精心。如果制作过程处理得不好，原本精美的广告就有可能受到损害。管理这个过程就是印刷制作经理或电子媒介制作人的职责，他们的任务是保证项目在计划的预算内顺利进行，同时又保证每一个制作环节达到应有的制作水平。

　　制作经理的主要管理职责有：策划、组织、指挥和控制。同时，他们还必须随时了解技术的变化，监督制作成本，使其符合预算要求。

　　打破预算的因素有很多，其中最常见的有五种：策划不周和缺少准备、制作时的奢侈、加班、特殊设备以及决策人过多。每一种媒介的具体因素也会对预算产生极大的影响。

　　印刷制作流程包括四个阶段：预备阶段、制作阶段、开印前阶段和印刷及发行阶段。在预备阶段，制作经理首先要周密地计划整个工作，然后才开始处理工作的各项具体要求，诸如排版。

　　排版会影响到广告的外观、设计和易读性。在选择字体时，应该考虑以下四个因素：易读性、吻合性、和谐性或外观以及重点。关键的一个技术是文案的排版，即知道如何让文案与布局中的某一块特定空间相配。制作经理还要考虑使用哪种类型的纸张，因为这也会影响到插图的准备方法。

　　在制作阶段，美工准备好要印的插图拼版。如今，大多数广告公司都有高级桌面出版系统，美工以线画工艺的形式准备好拼版，然后利用照相法将连续调的插图转换成网目调。网目影像利用大小不同的黑点（目）模仿照片和插图的色调过渡。

　　在开印前阶段，印厂利用底图制作出一张印版，再向一张透明胶片上制一张印版。每一张拼好的底版（拼版）都必须分别拍照，如果是四色印刷，就要用四块网目印版（每种原色一块，再加上黑色）。用来制作四种彩色版的胶片叫做分色胶片。现在，这项工作主要由大型电脑扫描系统来完成。

　　制作过程的最后阶段包括实际印刷、裁切、压花、装订和运送。在整个过程中，品质管理都非常重要。制作经理必须确保自己的电脑软盘与复印中心的电脑匹配，并且确实装有制作胶片所需的所有元素。自始至终，印刷制作经理都必须反复检查印刷校样上是否有划痕和瑕疵，套印是否准确，出血是否处理得当。

　　广播广告是一种制作起来最快、最简单、最便宜的广告。制作经理负责管理整个制作过程：预备、制作和后期制作。制作人负责找录音棚、选演员、收集录制工作所需的音乐和音效。在录制的时候，演员在录音室内，导演和音响师则在导播室的主控台上，一边录制，一边监听和调节声音。

　　在后期制作阶段，导演和音响师挑选出录得最好的一版，将它们剪接到一起，与音响和音乐合成，然后对声轨进行编辑，直至完成母带。然后再从母带上复制出拷贝，送电台播出。

电视广告制作同样也是这三个阶段。在预备阶段，制片人要决定哪种制作技术最适合手中的脚本：实景真人、动画、特技或综合运用。选摄影棚、选演员、排练。在预备阶段要尽量把工作做好，这样才能减少实际拍摄的时间。

制作阶段也就是广告在摄影棚、制片场或外景地实拍的阶段。由专业技师负责音响、灯光和镜头的处理。这些东西如果处理得不好，必将对广告造成严重的不良影响。场景要反复拍摄，直到导演和制片人满意为止。出于成本方面的考虑，场景往往不按顺序拍摄，声音也可以在拍摄前或拍摄后配制。

在后期制作阶段，将广告真正录制在胶片或磁带上，从外面购买来的音效和音乐也在此时添加到磁带和声轨上，最后做出母带（或合成片），然后复制拷贝，送电视台播出。

多媒体演示同时利用多种传播媒介向观众提供信息和娱乐。多媒体同时使用的媒介一般包括幻灯、视频和音频，再将电脑技术的电子能力加入多媒体演示，形成数字媒介。

数字媒介可用于公开场所、私人场所和个人场所。个人场所包括个人电脑的应用，如互联网上的广告、在线数据库服务公司提供的广告以及通过互动电视或电脑亭的广告。

数字媒介是一个全新的产业，其整个制作过程和印刷媒介、电子媒介的制作过程相差不大，但它的细节涉及到广告主和广告公司尚不熟悉的一些新技术、新名词和新成本。这意味着这个行业将会加入新鲜血液。

重要术语

印刷制作经理	印刷制作流程	正文字体	单词计算式
制片人	预备阶段	衬线字体	字符计算式
电子制作	任务夹	无衬线字体	书写纸
最低合同工资	截止期	字 系	课本纸
复映复播追加酬金	加空铅	一套铅字	封面纸
多媒体演示	字 距	排版工艺	制作阶段
电脑亭	特排字体	组 排	必需要件

透明胶片	潘东配色体系	后期制作阶段	叠
底 图	分 色	母 带	工作样片
照相排版术	蓝 图	复制带	合成样片
连续调	模拟校样	实景真人	合成片
正射投影胶片	色 基	动 画	拷 贝
硬性软片	数字校样	特 效	数字媒介
线画版	套 准	数字视频特效装置	公共场所
网目凸版	反差套印	助记手段	私人场所
网 屏	出血版	电影摄影师	个人场所
开印前阶段	广播广告	光 圈	互动电视
剥 版	导 演	自动台词提示器	网 页
晒版台纸	一 场	制片场	平台使用费
四色印刷工艺	导播室	外景地	
青黄品黑印刷	音控台	演播人员	

复习题

1. 制作经理应该了解哪五种打破预算的因素？

2. 印刷制作经理的主要职责是什么？

3. 文案排印指什么？如何进行？

4. 什么叫网目版？网目版为什么重要？如何制作？

5. 如何印制彩色图片？彩色印刷中的潜在问题是什么？

6. 动画的优点和缺点是什么？

7. 导致电视广告制作中财力浪费的最大因素是什么？为什么？

8. 什么时候用胶片好？什么时候用录像带好？为什么？

9. 数字媒介最常见的形式有哪些？与传统媒介有什么区别？

10. 像麦当劳这类广告主会如何使用数字媒介来加强其整合营销传播计划？请解释。

广 告 实 践

1. 字体的重要性

字体选择对广告的整体效果具有非常重要的意义。请从下述媒介产品中挑选三种，给其选择合适的字体创作广告（不限于我们在广告实验室 14-A 中介绍的那些字体。）

a. 《葛底斯堡演说》(The Gettysburg Address)

b. 英王詹姆士一世钦定《圣经》(The King James Bible)

c. 史蒂芬·金（或斯坦利·库勃里克）的《闪灵》(The Shining)

d. 连续剧《迷失》(Lost) DVD

e. 盒装《巴利金曲》(Barney's Greatest Hits)

f. 一本天文学课本

h. 一套《指环王》(Lord of the Rings)

2. 印刷制作

请花点时间上网，了解更多有关印刷广告制作方面的知识。现在，许多专门从事印刷制作某方面技术的机构和公司都已上网。请访问以下网站并回答后面的问题：

- Acme 印刷 : www.acmeiowa.com
- 洛杉矶广告制作协会 : www.apala.org
- 阿尔法平面 : www.alphagraphics.com
- 色彩艺术 : www.colorarts.com
- 平面联系 : www.grconnections.com
- 平面艺术信息网络 : www.gain.org
- 哈特平面 : www.hartgrahics.com
- 国际数字企业联盟 : www.idealliance.org
- 全国领先印刷厂协会 : www.napl.org
- 潘东 : www.pantone.com
- 专业平面形象协会 : www.sgia.org

a. 上述网站的目标受众是谁？

b. 上述公司／机构属于什么类型？其业务规模与范畴有多大？

c. 上述公司专长于哪些与印刷有关的活动？

d. 你对上述公司及其工作有什么总体印象？为什么？

3. 广播电视广告制作

广播电视广告的制作比印刷广告要复杂得多，请浏览以下与广播电视广告制作有关的机构网站，然后回答后面的问题：

- 阿德曼动画 : www.aardman.com
- @ radical.media : www.radicalmedia.com
- 好莱坞数字 : www.digitalhollywood.com
- 美国导演协会 : www.dga.com
- 达克工作室 : www.duckstudios.com
- 影视之星 : www.filmplanet.com
- 约翰逊·贝内特 : www.johnsonburnett.com
- 琼斯影视 : www.jonesinc.com

- 银屏演员协会：www.sag.org

a. 上述与制作有关的公司／机构属于哪种类型，其经营规模与范畴有多大？

b. 上述公司精于哪种影视制作活动？是预备活动，制作活动，还是后期制作活动？

c. 上述公司对广告界有什么贡献？

d. 上述机构和它们的作品给你印象最深的是什么？印象最浅的是什么？为什么？

过去与现在

4. 几十年来，苹果在其印刷广告中一直采用 Garamond 字体，请挑选一条使用这套字体的广告，说明这种字体的什么特点有助于传达苹果的讯息。

你能用另一套字体来替代这种字体吗？

5. 假设苹果不再生产彩色电脑，只生产黑、白、灰三种颜色的电脑，为什么还要大费周章地制作彩色印刷广告？请说出你反对或赞成的理由。

6. 看到电脑动画技术最近的进步，许多广告客户和观众都希望在广告中看到这些技术的最新表现，尤其是那些代表着技术革新的技术。就 Prius 的推出而言，你觉得盛世和丰田选择最低限度地运用特技，这个决策是否正确？为什么？

7. 请找出 Trait 哥特体系列的一个例子，即盛世公司在 Prius 推介广告中采用的那种字体。这种字体给人什么感觉？它使读者对 Prius 这类新车的感觉会产生什么影响？

附录 A

营销计划大纲

日期：

公司名称：

品牌或服务项目：

用不超过两三页的篇幅对整个营销计划进行概述，供主管审查。

Ⅰ. 概述

  A. 形势分析概述

  B. 营销目标概述

  C. 营销战略概述

  D. 预算概述

Ⅱ. 形势分析

对"公司现在所处的地位"以及"为何在此地位"做出说明。

  A. 行业状况

    1. 行业和公司业务界定

    2. 行业发展史

      a. 技术进步

      b. 发展趋势

本公司经营何种业务，整个行业有何特点。可以从行业贸易刊物、行业协会简报、消费者信息以及商业部的刊物中获取到相关信息。

    3. 业界发展模式

      a. 需求曲线

      b. 人均消费量

      c. 成长潜力

    4. 行业特点

a. 分销模式和传统渠道

b. 业内规章与管理制度

c. 典型促销活动

d. 地理特征

e. 赢利模式

有关公司及其实力、机会和问题的全部相关信息。此类信息可以从年度报告、销售记录、保修记录、顾客反馈以及销售人员报告中获得。

B. 公司

1. 发展简史

2. 业务范围

3. 目前规模、成长情况、利润状况

4. 声誉

5. 在不同领域的竞争力

   a. 优势

   b. 劣势

有关产品/服务组合、销售以及优势劣势的完整描述和全部相关信息。可以参考销售宣传材料、销售报告、经销商反馈等。

C. 产品/服务

1. 产品描述

   a. 发展与历史沿革

   b. 产品所处的生命周期阶段

   （1）导入期

   （2）成长期

   （3）成熟期

   （4）衰退期

   c. 品质因素

   d. 设计因素

  e. 商品划分

   （1）消费者商品或工业商品

   （2）耐用商品 / 非耐用商品 / 服务

   （3）方便商品、大件商品或特制品

   （4）包装商品、硬商品、软商品、服务

  f. 包装

  g. 价格结构

  h. 用途

   （1）基本的

   （2）二级的

   （3）潜在的

  i. 形象与声誉

  j. 产品 / 服务强势

  k. 产品 / 服务弱势

2. 产品销售特点

  a. 差别因素

   （1）观念上的、非观念上的或感觉上的

   （2）专卖或非专卖

  b. 在顾客心目中的地位

  c. 优势、劣势（顾客感觉）

3. 产品研发

  a. 技术突破

  b. 预期改进

    c. 技术或服务问题

4. 销售记录

    a. 销售及销售成本

      （1）按产品 / 服务计算

      （2）按款式 / 型号计算

      （3）按地区计算

      （4）按市场计算

    b. 同一因素的利润记录

5. 市场份额

    a. 按市场计算的行业销售

    b. 以金额和件数计算的市场份额

    c. 市场潜力和趋势

组成企业产品或服务的现有和潜在市场的人与机构的所有相关信息。见市场调查报告、消费者刊物 / 商业刊物、贸易出版物、生产厂家普查报告和贸易协会报告。

D. 市场

1. 市场界定和市场位置

    a. 明确的市场细分

      （1）过去的

      （2）潜在的

    b. 市场需求与欲望

    c. 市场特征

      （1）地理的

      （2）人口统计学的

      （3）消费心态的

      （4）行为上的

    d. 典型购买模式

      （1）购买模式

      （2）重度用户／轻度用户

      （3）购买频率

    e. 对市场的购买影响力

  2. 本公司顾客界定

    a. 现在、过去和未来

    b. 特征

      （1）与其余市场共有的特征

      （2）本公司顾客特有的特征

    c. 他们喜欢本公司或本公司产品的哪些因素

    d. 不喜欢哪些因素

  3. 消费者诉求

    a. 以往广告的诉求

      （1）哪些有效

      （2）哪些无效，什么原因

本公司目前和将要面临的竞争状态、竞争者、竞争环境以及机遇和挑战的全面信息，见消费者刊物／商业刊物文章以及穆迪工业手册、标准普尔报告、邓百氏报告和Thomas Register of American Corporations

    b. 将来可能的诉求

  4. 市场与顾客调研结果

E. 竞争状况

  1. 竞争对手的界定

    a. 主要竞争对手

    b. 次要竞争对手

    c. 产品／服务描述

　　　　　　　　　　d. 竞争对手的成长与规模

　　　　　　　　　　e. 竞争对手的市场份额

　　　　　　　　2. 竞争对手的实力

　　　　　　　　　　a. 产品质量

　　　　　　　　　　b. 销售特点

　　　　　　　　　　c. 价格、分销、促销

　　　　　　　　3. 竞争对手的弱点

　　　　　　　　　　a. 产品特点

　　　　　　　　　　b. 消费者态度

　　　　　　　　　　c. 价格、分销、促销

　　　　　　　　4. 竞争对手的营销活动

　　　　　　　　　　a. 产品定位

　　　　　　　　　　b. 定价战略

　　　　　　　　　　c. 分销

　　　　　　　　　　d. 销售力量

　　　　　　　　　　e. 广告、宣传

　　　　　　　　　　f. 估计预算

对企业产品/服务如何进行分销和销售、哪些渠道可以利用以及渠道成员的特征进行全面讨论。请参考经销商与分销商的反馈、销售人员报告、广告报告及贸易刊物等。

　　F. 分销战略

　　　　1. 采用的流通网络类型

　　　　　　a. 发展史

　　　　　　b. 趋势

　　　　2. 分销完成情况评估

　　　　3. 与分销渠道成员共同评估与描述

4. 与分销渠道成员的促销关系

    a. 贸易广告和津贴

    b. 联合广告

    c. 经销商或中间商的促销使用状况

    d. 售点陈列、宣传材料

    e. 经销商激励活动

5. 分销体系的优势 / 劣势

6. 与分销相关的机遇 / 威胁

本企业定价政策和战略以及其他选择所依据的背景和推理。请研究销售报告、分销渠道成员反馈、顾客反馈、竞争信息。

G. 定价政策

1. 价格记录

    a. 趋势

    b. 可行性

    c. 竞争

2. 以往的价格目标和战略

    a. 管理层态度

    b. 购买者态度

    c. 分销渠道态度

3. 与定价相关的机遇 / 威胁

写入涉及本企业人员销售工作情况和效益的全部信息，对本企业运用广告、公共关系和销售推广活动的情况进行探讨，请认真研究销售报告、广告报告、

H. 传播战略

1. 以往的促销方针

    a. 人员销售与非人员销售

    （1）销售力量使用情况

    （2）广告、公共关系、销售推广使用情况

《广告时代》上的文章、《营销传播》杂志、企业内部有关广告以及销售和培训方面的资料。

b. 过去方针的成败之处

2. 销售力量

  a. 规模

  b. 范畴

  c. 能力 / 培训

  d. 单位销售成本

3. 广告活动

  a. 成败

  b. 战略、主题、广告活动、运用的媒介

  c. 诉求、定位等

  d. 支出

    （1）以往预算

    （2）资金分配方法

    （3）竞争对手的预算

    （4）趋势

4. 与传播相关的机遇 / 威胁

提出本企业无法控制但对企业业务有影响的环境因素。可参考政府报告与公告、消费者出版物或商业出版物、同业协会刊物等。

I. 环境因素

1. 经济

  a. 现行经济状况

  b. 商业展望和经济预测

2. 政治形势

3. 社会问题

4. 技术影响

摘引管理层人员的相关态度和指示，因为他们关系到公司的营销努力与广告努力。有关信息可以从企业业务计划、管理报告、内部参考和指导方针方面获得。

J. 企业目标和战略

  1. 利润

    a. 销售收入

    b. 降低成本

  2. 投资回报

  3. 股票价格

  4. 股东资产

  5. 社会形象

  6. 新产品开发

  7. 技术领先情况

  8. 兼并 / 收购

  9. 企业总体使命

指出或总结影响本企业营销成败的最严重问题。

K. 潜在营销问题

L. 潜在营销机会

Ⅲ. 营销目标

A. 市场需求目标

对那些有助于企业成功的最大潜在机会进行概述。本企业打算满足哪些普通的和具体的需求。通过形势因素调研和管理层讨论以及面访做出决定。

  1. 满足市场需求的目标

  2. 满足社会需求的目标

  3. 满足企业需求的目标

B. 销售目标

按目标市场、区域、部门或其他项目界定整个企业或产品种类的销售目标。

  1. 销售量

    a. 金额

    b. 单位

这些目标必须是在调查研究了本企业的能力、资金和目标的前提下提出的，必须具体、实际。

本企业计划达到上述目标而采用的方法。

对本企业计划采用的营销战略种类进行大致的描述。

详细描述本企业为实现这些目标而计划采用的营销组合。

c. 地区

d. 市场

2. 市场份额

3. 分销扩展

4. 其他

Ⅳ. 营销战略

A. 总体营销战略

1. 定位战略

2. 产品差别化战略

3. 价格/质量差别化战略

4. 任务营销战略

B. 具体市场战略

1. 目标市场 A

a. 产品

b. 价格

c. 分销

d. 传播

（1）人员销售

（2）广告

（3）直复营销

（4）销售推广

（5）公共关系

2. 目标市场 B

　　　　　　　　　　　　　　a. 产品

　　　　　　　　　　　　　　b. 价格

　　　　　　　　　　　　　　c. 分销

　　　　　　　　　　　　　　d. 传播

　　　　　　　　　　　　　　　（1）人员销售

　　　　　　　　　　　　　　　（2）广告

　　　　　　　　　　　　　　　（3）直复营销

　　　　　　　　　　　　　　　（4）销售推广

　　　　　　　　　　　　　　　（5）公共关系

实施企业营销组合要素的详细战术计划。　　Ⅴ. 行动方案（战术）

　　　　　　　　　　　　A. 产品计划

　　　　　　　　　　　　B. 定价计划

　　　　　　　　　　　　C. 分销计划

　　　　　　　　　　　　D. 传播计划

　　　　　　　　　　　　　1. 销售计划

　　　　　　　　　　　　　2. 广告计划

　　　　　　　　　　　　　3. 直复营销计划

　　　　　　　　　　　　　4. 销售推广计划

　　　　　　　　　　　　　5. 公共关系计划

　　　　　　　　　　　　E. 任务营销计划

　　　　　　　　　　　　F. 互动计划

描述本企业在实现营销目标的过程中将要采用的评估、审查和控制方法。　　Ⅵ. 评估、审查与控制

　　　　　　　　　　　　A. 组织结构

B. 审查及评估的方法

C. 互动监控

确定实施营销努力所需的资金、预算比例以及各种项目分配额度。

Ⅶ. 营销预算

A. 资金分配方案

B. 营销成本分解

  1. 新产品研发

  2. 市场营销调查

  3. 销售支出

  4. 广告、直复营销、销售推广、公共关系

提出详细、具体的信息、二级数据或专项调查报告，以供营销策划之用。

Ⅷ. 附件

A. 销售报告

B. 市场调研报告

C. 期刊或杂志复印件

D. 其他支持性文件

附录 B

广告计划大纲

用不超过两三页的篇幅对整个广告计划进行概述，供主管审查。

日期：

企业（品牌／服务）名称：

Ⅰ. 概述

　　A. 前提——营销计划所提供的信息概述

　　B. 广告目标概述

　　C. 广告战略概述

　　D. 预算概述

对营销计划中提到的相关因素进行简要评述。

Ⅱ. 形势分析

　　A. 企业（或产品）目前的营销形势

　　　1. 商业或行业信息

　　　2. 企业、产品或服务描述

　　　　a. 产品生命周期阶段

　　　　b. 产品分类

　　　　c. 竞争或市场定位

　　　3. 本市场的总体描述

　　　4. 销售记录和市场份额

　　　5. 消费者购买过程描述

　　　6. 分销方法

　　　7. 采用的定价战略

　　8. 营销调查结果

　　9. 传播纪录

B. 目标市场描述

　　1. 确认的市场细分

　　2. 主要市场

　　3. 次要市场

　　4. 市场特征

　　　　a. 地理的

　　　　b. 人口统计学的

　　　　c. 消费心态的

　　　　d. 行为的

C. 营销目标

　　1. 满足需求的目标

　　2. 长期/短期销售目标

D. 各目标市场的营销组合——营销计划概述

　　1. 产品

　　2. 价格

　　3. 分销

　　4. 传播

E. 广告在传播组合中的预定角色

F. 上面未提及的各种信息

分析、陈述广告计划要完成什么。

Ⅲ. 广告目标

A. 主要或次要需求

B. 直接或间接行为

C. 按以下条件表述的目标：

  1. 广告金字塔

  2. 购买行为

  3. 其他

D. 对目标的量化表述

  1. 具体的数量或百分比

  2. 实现目标所需的时间长度

  3. 其他衡量方法

    a. 查询

    b. 订货规模增长

    c. 信心的树立

    d. 其他

企业预定的整体创意组合配置，每一个产品或每一个目标市场的创意组合配置。

Ⅳ. 广告（创意）战略

A. 产品概念——广告如何从以下方面表现产品：

  1. 产品或市场定位

  2. 产品差别化

  3. 生命周期

  4. 分类、包装、品牌

  5. 金洛购买决策坐标

    a. 高 / 低思维活动

    b. 高 / 低感觉活动

B. 目标受众——广告将要针对的具体人群

1. 目标受众详细描述

    a. 目标受众与目标市场的关系

    b. 潜在顾客的购买影响

    c. 追求的利益 / 广告诉求

    d. 人口统计

    e. 消费心态

    f. 行为

2. 目标受众排序

    a. 主要的

    b. 次要的

    c. 补充的

选择将广告讯息传递给目标受众的不同媒介载体的战略。

C. 传播媒介

1. 界定媒介目标

    a. 到达率

    b. 频次

    c. 毛评点

    d. 一致性 / 起伏式 / 脉冲式

2. 明确哪种媒介到达目标受众的效果最好

    a. 传统大众媒介

      （1）广播

      （2）电视

      （3）报纸

      （4）杂志

（5）户外

b. 其他媒介

（1）直邮

（2）网络 / 数字媒介

（3）宣传

c. 补充媒介

（1）商业展览

（2）销售推广手段

（3）其他媒介

（4）非常规媒介

3. 与购买模式有关的媒介可行性

4. 传播效益的潜力

5. 成本因素

a. 规模 / 讯息单位拼版因素

b. 相对于目标受众而言的媒介计划成本效率

c. 制作成本

6. 与创意组合其他元素之间的关联性

7. 媒介计划范围

8. 预定媒介载体的暴露值 / 注意值 / 动机值

企业打算如何从文字和非文字上表达自己要说的内容。

D. 广告讯息

1. 文案元素

a. 广告诉求

b. 文案大纲

　　　　　c. 关键消费者利益

　　　　　d. 利益支持点或巩固点

　　　　　e. 产品个性或形象

　　2. 艺术元素

　　　　a. 视觉诉求

　　　　　（1）广告中的

　　　　　（2）包装上的

　　　　　（3）在售点和销售材料上的

　　　　b. 艺术大纲

　　　　　（1）布局

　　　　　（2）设计

　　　　　（3）插图风格

　　3. 制作元素

　　　　a. 广告制作过程中的拼版因素

　　　　　（1）色彩

　　　　　（2）大小

　　　　　（3）风格

　　　　b. 所追求的制作价值

　　　　　（1）版式

　　　　　（2）印刷

　　　　　（3）色彩还原

　　　　　（4）照片 / 插图

　　　　　（5）纸张

（6）电子特技

（7）动画

（8）胶片或录像带

（9）音效

（10）音乐

分配给广告的资金额度及
预定分配方法。

V. 广告预算

　A. 营销形势对资金分配方法的影响

　　1. 新产品、老产品

　　2. 对该产品种类的主要需求曲线

　　3. 竞争形势

　　4 营销目标与营销战略

　　5. 利润因素或成长因素

　　6. 广告与销售和利润之间的关系

　　7. 实践经验

　B. 资金分配方法

　　1. 销售百分比法或利润法

　　2. 市场份额法

　　3. 目标 / 任务法

　　4. 销售单位法

　　5. 竞争对抗法

用来创作广告并评估其效
果的调查技巧。

VI. 测定与评估

　A. 实施的广告调查

　　1. 战略确定

2. 概念发展

B. 事前测定与事后测定

　1. 测定项目

　　a. 市场

　　b. 动机

　　c. 讯息

　　d. 媒介

　　e. 预算

　　f. 排期

　2. 方法

　　a. 中心地点测试法

　　b. 销售试验法

　　c. 生理测试法

　　d. 辅助回忆测试法

　　e. 无辅助回忆测试法

　　f. 态度测试法

　　g. 查询测试法

　　h. 销售测度法

　　i. 其他

　3. 测试成本

专业术语表

广告讯息
advertising message An element of the creative mix comprising what the company plans to say in its advertisements and how it plans to say it—verbally or nonverbally.

模拟校样
analog proof See *Chromalin proof.*

样 片
animatic A rough television commercial produced by photographing storyboard sketches on a film strip or video with the audio portion synchronized on tape. It is used primarily for testing purposes.

动 画
animation The use of cartoons, puppet characters, or demonstrations of inanimate characters come to life in television commercials; often used for communicating difficult messages or for reaching specialized markets, such as children.

合成片
answer print The final print of a filmed commercial, along with all the required optical effects and titles, used for review and approval before duplicating.

光 圈
aperture The opening in a camera that determines the amount of light that reaches the film or videotape. To a media planner it refers to the place and time that a target audience is ready to attend to an ad message.

艺 术
art The whole visual presentation of a commercial or advertisement—the body language of an ad. Art also refers to the style of photography or illustration employed, the way color is used, and the arrangement of elements in an ad so that they relate to one another in size and proportion.

艺术方向
art direction The act or process of managing the visual presentation of an ad or commercial.

美术总监
art director Along with graphic designers and production artists, determines how the ad's verbal and visual symbols will fit together.

艺术家
Artist role A role in the creative process that experiments and plays with a variety of approaches, looking for an original idea.

音 频
audio The sound portion of a commercial. Also, the right side of a script for a television commercial, indicating spoken copy, sound effects, and music.

音控台
audio console In a sound studio control room, the board that channels sound to the appropriate recording devices and that blends both live and prerecorded sounds for immediate or delayed broadcast.

艾耶1号式
Ayer No. 1 See *poster-style format.*

底 图
base art The first image on an artboard on which an overlay may be placed.

利益式标题
benefit headline Type of headline that makes a direct promise to the reader.

大创意
big idea The flash of creative insight—the bold advertising initiative—that captures the essence of the strategy in an imaginative, involving way and brings the subject to life to make the reader stop, look, and listen.

出 血
bleed Colors, type, or visuals that run all the way to the edge of the page.

蓝 图

blueline   A proof created by shining light through the negatives and exposing a light-sensitive paper that turns from white to blue; it helps reveal scratches and flaws in the negatives.

正 文

body copy   The text of an advertisement that tells the complete story and attempts to close the sale. It is a logical continuation of the headline and subheads and is usually set in a smaller type size than headlines or subheads.

黑 体

boldface   Heavier type.

头脑风暴法

brainstorming   A process in which two or more people get together to generate new ideas; often a source of sudden inspiration.

照相制版

camera-ready art   A finished ad that is ready for the printer's camera to shoot—to make negatives or plates—according to the publication's specifications.

表演纲要

casting brief   A detailed, written description of the characters' personalities to serve as guides in casting sessions when actors audition for the roles.

字符计算式

character-count method   A method of copy casting in which an actual count is made of the number of characters in the copy.

电影摄影师

cinematographer   A motion picture photographer.

结 尾

close   That part of an advertisement or commercial that asks customers to do something and tells them how to do it—the action step in the ad's copy.

截止期

closing date   A publication's final deadline for supplying printing material for an advertisement.

色 基

color key   A color proof that is a less-expensive form of the Chromalin, with thicker plastic sheets that can be lifted up.

分 色

color separation   Four separate continuous-tone negatives produced by photographing artwork through color filters that eliminate all the colors but one. The negatives are used to make four printing plates—one each for yellow, magenta, cyan, and black—for reproducing the color artwork.

命令式标题

command headline   A type of headline that orders the reader to do something.

传播媒介

communications media   An element of the creative mix, comprising the various methods or vehicles that will be used to transmit the advertiser's message.

末 稿

comprehensive layout   A facsimile of a finished ad with copy set in type and pasted into position along with proposed illustrations. The "comp" is prepared so the advertiser can gauge the effect of the final ad.

概念化

conceptualization   See *visualization*.

连续调

continuous tone   Normal photographic paper produces images in black and white with shades of gray in between.

导播室

control room   In a recording studio, the place where the producer, director, and sound engineer sit, monitoring and controlling all the sounds generated in the sound studio.

组 排

copy cast   To forecast the total block of space the type in an ad will occupy in relation to the typeface's letter size and proportions.

文案人员

copywriter   People who create the words and concepts for ads and commercials.

封面纸

cover paper   Paper used on soft book covers, direct-mail pieces, and brochure covers that are thicker, tougher, and more durable than text paper.

创意纲要

creative brief   A written statement that serves as the creative team's guide for writing and producing an ad. It describes the most important issues that should be considered in the development of the ad (the who, why, what, where, and when), including a definition and description of the target audience; the rational and emotional appeals to be used; the product features that will satisfy the customer's needs; the style, approach, or tone that will be used in the copy; and, generally, what the copy will say.

创意总监

creative director   Heads a creative team of agency copywriters and artists that is assigned to a client's business; is ultimately responsible for the creative product—the form the final ad takes.

创意过程

creative process   The step-by-step procedure used to discover original ideas and reorganize existing concepts in new ways.

创意金字塔

creative pyramid   A five-step model to help the creative team convert advertising strategy and the big idea into the actual physical ad or commercial. The five elements are: attention, interest, credibility, desire, and action.

创意人员

creative   The people who work in the creative department, regardless of their specialty.

创造力

creativity   Involves combining two or more previously unconnected objects or ideas into something new.

青黄品黑印刷

CYMK printing   See *four-color process.*

演 示

demonstration   A type of TV commercial in which the product is shown in use.

技巧式正文

device copy   Advertising copy that relies on wordplay, humor, poetry, rhymes, great exaggeration, gags, and other tricks or gimmicks.

对白/独白式正文

dialogue/monologue copy   A type of body copy in which the characters illustrated in the advertisement do the selling in their own words either through a quasi-testimonial technique or through a comic strip panel.

数字媒介

digital media   Channels of communication that join the logic of multimedia formats with the electronic system capabilities and controls of modern telephone, television, and computer technologies.

数码校样

digital proof   A prepress proof that uses inkjet technology and offers accuracy, lower cost, and speed. Also called an *Iris.*

数字用户专线

digital subscriber line (DSL)   Technology that transforms a traditional telephone line into a high-speed digital link to provide homes and small businesses with broadband Internet access.

数字视频特效装置

digital video effects (DVE) unit   In video, special-effects equipment for manipulating graphics on the screen to produce fades, wipes, zooms, rotations, and so on.

导 演

director The director supervises preproduction, production, and postproduction of radio and television commercials.

特排字体

display type A style of typeface used in advertising that is larger and heavier than normal text type. Display type is often used in headlines, subheads, logos, and addresses, and for emphasis.

念 白

donut When writing a jingle, a hole left for spoken copy.

复制带

dub Duplicates of radio commercials made from the master tape and sent to stations for broadcast.

拷 贝

dupe Copies of a finished television commercial that are delivered to the networks or TV stations for airing.

电子制作

electronic production The process of converting a script or storyboard into a finished commercial for use on radio, TV, or digital media.

感性诉求

emotional appeal Marketing appeals that are directed at the consumer's psychological, social, or symbolic needs.

探险家

explorer A role in the creative process that searches for new information, paying attention to unusual patterns.

事实型思维

fact-based thinking A style of thinking that tends to fragment concepts into components and to analyze situations to discover the one best solution.

晒版台纸

flat Opaque plastic sheets that film negatives are mounted on in perfect registration; light passes through only where lines and dots are to appear on the printing plate.

一套铅字

font A uniquely designed set of capital, small capital, and lower-case letters, usually including numerals and punctuation marks.

四色印刷工艺

four-color process The method for printing color advertisements with tonal values, such as photographs and paintings. This process is based on the principle that all colors can be printed by combining the three primary colors—yellow, magenta (red), and cyan (blue)—plus black (which provides greater detail and density as well as shades of gray).

网目凸版

halftone plate Plate that prints dots, the combination of which, when printed, produces an optical illusion of shading as in a photograph.

网 屏

halftone screen A glass or plastic screen, crisscrossed with fine black lines at right angles like a window screen, which breaks continuous-tone artwork into dots so that it can be reproduced.

标 题

headline The words in the leading position of an advertisement—the words that will be read first or that are positioned to draw the most attention.

吸引技巧

hook The part of a jingle that sticks in your memory.

图 标

icon A pictorial image that represents an idea or thing.

插图画家

illustrator The artists who paint, sketch, or draw the pictures we see in advertising.

企业形象式正文

institutional copy A type of body copy in which the advertiser tries to sell an idea or the merits of the organization or service rather than the sales features of a particular product.

整合广告

integrated commercial   A straight radio announcement, usually delivered by one person, woven into a show or tailored to a given program to avoid any perceptible interruption.

互动电视

interactive TV   A personal audience venue where people can personally guide TV programming through a remote control box while watching TV.

内容段落

interior paragraph   Text within the body copy of an ad where the credibility and desire steps of the message are presented.

斜 体

italic   A style of printing type with letters that generally slant to the right.

歌谣式

jingle   A musical commercial, usually sung with the sales message in the verse.

裁 判

judge   A role in the creative process that evaluates the results of experimentation and decides which approach is more practical.

字 距

kerning   The measurement of the space between individual letters of text.

肩 题

kicker   A subhead that appears above the headline. Also known as *overline*.

电脑亭

kiosk   Interactive computers in a stand-alone cabinet that make information available 24 hours a day even in remote areas.

加空铅

leading   The measurement of the space between separate lines of text (pronounced *ledding*).

导引段落

lead-in paragraph   In print ads, a bridge between the headlines, the subheads, and the sales ideas presented in the text. It transfers reader interest to product interest.

生活方式式技法

lifestyle technique   Type of commercial in which the user is presented rather than the product. Typically used by clothing and soft drink advertisers to affiliate their brands with the trendy lifestyles of their consumers.

硬性软片

line film   The product of a photograph shot with orthographic film which yields a high-contrast black-and-white image with no gray tones.

线画版

line plate   A printing plate used to produce black-and-white artwork from line film

实景真人

live action   The basic production technique in television that portrays real people and settings, as opposed to animation.

外景地

location   Shooting away from the studio. Location shooting adds realism but can also be a technical and logistical nightmare, often adding cost and many other potential problems.

标 志

logotype   Special design of the advertiser's name (or product name) that appears in all advertisements. Also called a signature cut, it is like a trademark because it gives the advertiser individuality and provides quick recognition at the point of purchase.

制片场

lot   Acreage outside a studio that is shielded from stray, off-site sounds.

必需要件/规定

mandatory   The address, phone number, Web address, etc., that the advertiser usually insists be included within an ad to give the consumer adequate information.

公共场所

mass audience venue   One category of digital media based on audience size, where hundreds of people are in the live audience and millions more are watching at home.

母 带

master tape   The final recording of a radio commercial, with all the music, sound, and vocals mixed, from which dubs (duplicates) are recorded and sent to radio stations for broadcast.

版面组合

mechanical   The set type and illustrations or photographs pasted into the exact position in which they will appear in the final ad. Also called a *pasteup,* this is then used as the basis for the next step in the reproduction process.

讯息战略

message strategy   The specific determination of what a company wants to say and how it wants to say it. The elements of the message strategy include verbal, nonverbal, and technical components; also called *rationale.*

合成样片

mixed interlock   The edited version of a filmed television commercial mixed with the finished sound track. Used for initial review and approval prior to being duplicated for airing.

助记手段

mnemonic device   A gimmick used to dramatize the product benefit and make it memorable, such as the Imperial Margarine crown or the Avon doorbell.

多媒体演示

multimedia presentation   Presenting information or entertainment using several communications media simultaneously.

音乐式广告

musical commercial   See *jingle.*

音乐标志

musical logo   A jingle that becomes associated with a product or company through consistent use.

叙述式正文

narrative copy   A type of body copy that tells a story. It sets up a problem and then creates a solution using the particular sales features of the product or service as the key to the solution.

新闻/信息式标题

news/information headline   A type of headline that includes many of the "how-to" headlines as well as headlines that seek to gain identification for their sponsors by announcing some news or providing some promise of information.

非文字部分

nonverbal   Communication other than through the use of words, normally visual.

出镜人

on camera   Actually seen by the camera, as an announcer, a spokesperson, or actor playing out a scene.

正射投影胶片

orthographic film   A high-contrast photographic film yielding only black-and-white images, no gray tones.

透明胶片

overlay   On a pasteup, a piece of clear plastic containing a second image from which a second printing plate can be made for color printing.

潘东配色体系

PANTONE Matching System® (PMS)   A collection of colors that are premixed according to a formula and given a specific color number. PANTONE® swatch books feature over 100 colors in solid and screened blocks printed on different paper finishes.

个人场所

personal audience venue   A category of digital media based on audience size; where one person in front of a personal computer can receive multimedia information.

摄影师

photographer   The artists who use cameras to create visuals for advertisements.

图片说明式正文

picture-caption copy   A type of body copy in which the story is told through a series of illustrations and captions rather than through the use of a copy block alone.

方框图片式布局

picture-window layout   Layout that employs a single, dominant visual that occupies between 60 and 70 percent of an advertisement's total area. Also known as *poster-style format* or *Ayer No. 1.*

平台使用费

platform licensing   A fee paid to original software developers for the special key codes that access multimedia programs on certain computer networks.

招贴式格式

poster-style format   Layout that employs a single, dominant visual that occupies between 60 and 70 percent of an advertisement's total area. Also known as *picture-window layout* and *Ayer No. 1.*

后期制作阶段

postproduction phase   The finishing phase in commercial production—the period after recording and shooting when a radio or TV commercial is edited and sweetened with music and sound effects.

开印前阶段

prepress phase   The process of converting page art and visuals into materials (generally film negatives and color separation) needed for printing.

预备阶段

preproduction phase   The period of time before the actual recording or shooting of a commercial—the planning phase in commercial production.

主持人式广告

presenter commercial   A commercial format in which one person or character presents the product and sales message.

印刷制作经理

print production manager   Manager who oversees the entire production process, including reproduction of visuals in full color, shooting and editing of scenes, precise specification and placement of type, and the checking, approving, duplicating, and shipping of final art, negatives, tape, or film to the communication media.

印刷制作流程

print production process   The systematic process a layout for an ad or a brochure goes through from concept to final printing. The four major phases are preproduction, production, prepress, and printing and distribution.

私人场所

private audience venue   A category of digital media based on audience size; where meetings, conferences, and seminars use computer-driven multimedia presentations to inform, persuade, remind, and entertain people.

制片人

producer   For electronic media, the person responsible for keeping the project moving smoothly and under budget, while maintaining the required level of quality through every step of the production process.

制作阶段

production phase   An element of creative strategy. The whole physical process of producing ads and commercials; also the particular phase in the process when the recording and shooting of commercials is done.

启发式标题

provocative headline   A type of headline written to provoke the reader's curiosity so that, to learn more, the reader will read the body copy.

疑问式标题

question headline   A type of headline that asks the reader a question.

广播名人

radio personality   A disk jockey or talk show host.

理性诉求

rational appeal Marketing appeals that are directed at the consumer's practical, functional need for the product or service.

复映复播追加酬金

residual fee Payment to the talent if the commercial is extended beyond its initially contracted run.

反差套印

reverse knockout Area within a field of printed color on a page that is free of ink and allows the paper's surface to show.

无衬线字体

sans serif A type group that is characterized by a lack of serifs.

脚 本

script Format for radio and television copywriting resembling a two-column list showing dialog and/or visuals.

证 章

seal A type of certification mark offered by such organizations as the Good Housekeeping Institute and Underwriters' Laboratories when a product meets standards established by these institutions. Seals provide an independent, valued endorsement for the advertised product.

衬线字体

serif The most popular type group that is distinguished by smaller lines or tails called serifs that finish the ends of the main character strokes and by variations in the thickness of the strokes.

一 场

session The time when the recording and mixing of a radio commercial takes place.

签 名

signature cut See *logotype*.

生活片段式

slice of life A type of commercial consisting of a dramatization of a real-life situation in which the product is tried and becomes the solution to a problem.

广告语

slogan A standard company statement (also called a *tagline* or a *themeline*) for advertisements, salespeople, and company employees. Slogans have two basic purposes: to provide continuity for a campaign and to reduce a key theme or idea to a brief, memorable positioning statement.

特 效

special effect Unusual visual effects created for commercials.

点播广告

spot announcement An individual commercial message run between programs but having no relationship to either. Spots may be sold nationally or locally. They must be purchased by contacting individual stations directly.

故事板

storyboard A sheet preprinted with a series of 8 to 20 blank frames in the shape of TV screens, which includes text of the commercial, sound effects, and camera views.

故事板草图

storyboard rough A rough layout of a television commercial in storyboard form.

直截了当式

straight announcement The oldest type of radio or television commercial, in which an announcer delivers a sales message directly into the microphone or on-camera or does so off-screen while a slide or film is shown on-screen.

直接推销式正文

straight-sell copy A type of body copy in which the text immediately explains or develops the headline and visual in a straightforward attempt to sell the product.

剥 版

stripping Assembling line and halftone negatives into one single negative, which is then used to produce a combination plate.

副标题

subhead　Secondary headline in advertisements that may appear above or below the headline or in the text of the ad. Subheads are usually set in a type size smaller than the headline but larger than the body copy or text type size. They may also appear in boldface type or in a different ink color.

叠

super　Words superimposed on the picture in a television commercial.

标题句

tagline　See *slogan*.

演播人员

talent　The actors in commercials.

目标受众

target audience　The specific group of individuals to whom the advertising message is directed.

技　巧

technical　One of the three components of message strategy, it refers to the preferred execution approach and mechanical outcome including budget and scheduling limitations.

自动台词提示器

teleprompter　A two-way mirror mounted on the front of a studio video camera that reflects moving text to be read by the speaker being taped.

证　言

testimonial　The use of satisfied customers and celebrities to endorse a product in advertising.

正　文

text　See *body copy*.

课本纸

text paper　Range of less expensive papers that are lightweight. More porous versions are used in printing newspapers and finer,

glossier versions are used for quality printed materials like magazines and brochures.

正文字体

text type　The smaller type used in the body copy of an advertisement.

主题句

themeline　See *slogan*.

小　样

thumbnail　A rough, rapidly produced pencil sketch that is used for trying out ideas.

转换性动机

transformational motive　Positively originated motives that promise to "transform" the consumer through sensory gratification, intellectual stimulation, and social approval. Also called *reward motives*.

套　准

trap　Where, in the printing process, one color overlays the edge of another to keep the paper from showing through.

收　尾

trial close　In ad copy, requests for the order that are made before the close in the ad.

字　系

type families　Related typefaces in which the basic design remains the same but in which variations occur in the proportion, weight, and slant of the characters. Variations commonly include light, medium, bold, extra bold, condensed, extended, and italic.

排版工艺

typography　The art of selecting, setting, and arranging type.

价值型思维

value-based thinking　A style of thinking where decisions are based on intuition, values, and ethical judgments.

文字部分

verbal　Words, written or spoken.

形象化

visualization　The creative point in advertising where the search for the "big idea" takes place. It includes the task of analyzing the problem, assembling any and all pertinent information, and developing some verbal or visual concept of how to communicate what needs to be said.

图形部分

visuals　All of the picture elements that are placed into an advertisement.

旁　白

voice-over　In television advertising, the spoken copy or dialogue delivered by an announcer who is not seen but whose voice is heard.

战　士

warrior　A role in the creative process that overcomes excuses, idea killers, setbacks, and obstacles to bring a creative concept to realization.

网　页

Web page　A single page out of an online publication of the World Wide Web, known as a Web site. Web sites are made up of one or more Web pages and allow individuals or companies to provide information and services with the public through the Internet.

单词计算式

word-count method　A method of copy casting in which all the words in the copy are counted and then divided by the number of words per square inch that can be set in a particular type style and size, as given in a standard table.

工作样片

work print　The first visual portion of a filmed commercial assembled without the extra effects or dissolves, titles, or supers. At this time, scenes may be substituted, music and sound effects added, or other changes made.

注　释

Chapter One

1. Gary Levin, "VitroRobertson Lets Success Do the Talking," *Advertising Age,* August 29, 1994, p. 29; Ken Mendelbaum, "I Wish I'd Done That Ad," for Magazine Publishers of America, *Adweek,* September 19, 1994, p. 29; private correspondence and interviews with Taylor Guitar and VitroRobertson, February 1995.

2. Adapted from interviews and private correspondence with Hugh G. Cannon, Wayne State University, 1997.

3. Adapted from Bruce Bendinger, *The Copy Workshop Workbook* (Chicago: The Copy Workshop, 1993), pp. 128–47.

4. Hank Seiden, *Advertising Pure and Simple* (New York: AMACOM, 1990), pp. 23–340.

5. Nancy A. Mitchell, Diane M. Badzinski, and Donna R. Pawlowski, "The Use of Metaphors as Vivid Stimuli to Enhance Comprehension and Recall of Print Advertisements," in Karen Whitehill King, ed., *Proceedings of the 1994 Conference of the American Academy of Advertising* (Athens, GA: Henry W. Grady College of Journalism and Mass Communication, the University of Georgia, 1994), p. 199.

6. Ibid.

7. Sandra Moriarty and Shay Sayre, "An Interpretive Study of Visual Cues in Advertising," paper presented to the annual convention of the Association for Education in Journalism and Mass Communication, Montreal, August 1992, p. 5.

8. Sal Randazzo, *The Mythmakers: How Advertisers Apply the Power of Classic Myths and Symbols to Create Modern Day Legends* (Chicago: Probus Publishing, 1995), pp. 28–51.

9. Barry A. Hollander, "Infomation Graphics and the Bandwagon Effect: Does the Visual Display of Opinion Aid in Persuasion?" paper presented to the annual convention of the Association for Education in Journalism and Mass Communication, Montreal, August 1992, p. 21.

10. Kevin Goldman, "Nike, H-P Gamble on New Sales Pitches," *The Wall Street Journal,* April 8, 1994, p. B8.

11. J. P. Guilford, "Traits of Personality," in *Creativity and Its Cultivation* (New York: Harper, 1959).

12. Allen F. Harrison and Robert M. Bramson, *The Art of Thinking* (New York: Berkley Books, 1984), pp. 5–18, 182.

13. Roger von Oech, *A Whack on the Side of the Head* (New York: Warner Books, 1990), pp. 35–37.

14. Anthony Alessandra, James Cathcart, and Phillip Wexler, *Selling by Objectives* (Englewood Cliffs, NJ: Prentice Hall, 1988), pp. 31–56.

15. Harrison and Bramson, *The Art of Thinking,* pp. 26, 34, 181.

16. Ibid.

17. Goldman, "Nike, H-P Gamble on New Sales Pitches," p. B5.

18. Roger von Oech, *A Kick in the Seat of the Pants* (New York: HarperPerennial, 1986), p. 12.

19. Adapted with permission from ibid., pp. 24–53.

20. John O'Toole, *The Trouble with Advertising,* 2nd ed. (New York: Random House, 1985), p. 132; Fred Danzig, "The Big Idea," *Advertising Age,* November 9, 1988, pp. 16, 138–40.

21. O'Toole, *The Trouble with Advertising,* pp. 32–33.

22. Adapted with permission from von Oech, *A Kick in the Seat of the Pants,* pp. 55–87.

23. Bob Garfield, "Lovestruck Praying Mantis Is Hooked on Fila," *Advertising Age,* February 13, 1995, p. 3.

24. Von Oech, *A Whack on the Side of the Head,* p. 6.

25. Ibid., pp. 108–43.

214

广告：创意与文案

26. Kevin Goldman, "Leap Partnership Touts All-Creative Shop," *The Wall Street Journal,* December 23, 1993, p. B3.

27. William D. Perreault Jr. and E. Jerome McCarthy, *Basic Marketing,* 14th ed. (Burr Ridge, IL: Richard D. Irwin, 2002), p. 467.

28. Adapted with permission from von Oech, *A Kick in the Seat of the Pants,* pp. 89–111.

29. Kevin Goldman, "The Message, Clever as It May Be, Is Lost in a Number of High-Profile Campaigns," *The Wall Street Journal,* July 27, 1993, pp. B1, B8.

30. Adapted with permission from von Oech, *A Kick in the Seat of the Pants,* pp. 15–16.

31. Bendinger, *The Copy Workshop Workbook,* pp. 170–74.

32. David Ogilvy, *Ogilvy on Advertising* (New York: Random House, 1985), pp. 17–18.

Chapter Two

1. Javelin Strategy and Research/Better Business Bureau, *2006 Identity Fraud Survey Report.*

2. U.S. FTC, *Overview of the Identity Theft Program* (September 2003), p. 8, accessed October 28, 2004, at *www.ftc.gov/os/2003/09/timelinereport.pdf*.

3. Quoted in Eleftheria Parpis, "Campaign of the Year: Citibank," *Adweek,* vol. 45, no. 6 (February 9, 2004): p. 30, accessed October 28, 2004, at *www.proquest.com.*

4. Ibid.

5. Mae Anderson, "Creative Best Spots: April," *Adweek,* vol. 45, no. 20 (May 17, 2004): 26–27, accessed October 28, 2004, at *www.proquest.com.* See also Lance Ulanoff, "Opting into Identity Theft," *PC Magazine* online (July 21, 2004), accessed October 29, 2004, at *www.pcmag.com.*

6. Sue Chastain, ed., "Types of Graphics Software," About.com, *http://graphicssoft.about.com/od/findsoftware/a/pagelayout.htm*).

7. David H. Freedman, "The Future of Advertising Is Here," *Inc. Magazine,* August 2005 (*www.inc.com/magazine/20050801/future-of-advertising.html*).

8. Glenn Mohrman and Jeffrey E. Scott, "Truth(s) in Advertising? Part II," *Medical Marketing & Media,* October 1, 1988, pp. 28–32.

9. A. Jerome Jeweler and Bonnie L. Drewniany, *Creative Strategy in Advertising* (Belmont, CA: Wadsworth Publishing, 1998), p. 139.

10. Roy Paul Nelson, *The Design of Advertising* (Dubuque, IA: Brown & Benchmark, 1994), p. 107; J. Douglas Johnson, *Advertising Today* (Chicago: Science Research Associates, 1978).

11. John O'Toole, *The Trouble with Advertising,* 2nd ed. (New York: Random House, 1985), p. 149.

12. Axel Andersson and Denison Hatch, "How to Create Headlines That Get Results," *Target Marketing,* March 1994, pp. 28–35.

13. Murray Raphel and Neil Raphel, "A New Look at Newspaper Ads," *Progressive Grocer,* November 1993, pp. 13–14; David Ogilvy, *Ogilvy on Advertising* (New York: Random House, 1985), pp. 88–89.

14. Philip Ward Burton, *Advertising Copywriting,* 6th ed. (Lincolnwood, IL: NTC Business Books, 1991), pp. 65–66, 70.

15. Nelson, *The Design of Advertising,* p. 91.

16. Jeweler and Drewniany, *Creative Strategy in Advertising,* p. 115; Burton, *Advertising Copywriting,* p. 188; Julia M. Collins, "Image and Advertising," *Harvard Business Review,* January/February 1989, pp. 93–97.

17. Neil Raphel and Murray Raphel, "Rules to Advertise By," *Progressive Grocer,* December 1993, pp. 13–14; Murray Raphel, "How to Get Ahead in Direct Mail," *Direct Marketing,* January 1990, pp. 30–32, 52.

18. Jay Conrad Levinson, *Guerrilla Advertising* (Boston: Houghton Mifflin, 1994), p. 168.

19. Ogilvy, *Ogilvy on Advertising,* p. 71.

20. Raphel and Raphel, "A New Look at Newspaper Ads," pp. 13–14.

21. James H. Leigh, "The Use of Figures of Speech in Print Ad Headlines," *Journal of Advertising Research,* June 1994, pp. 17–33.

22. Ogilvy, *Ogilvy on Advertising,* pp. 10–11.

23. Andersson and Hatch, "How to Create Headlines That Get Results," pp. 28–35.

24. Burton, *Advertising Copywriting,* p. 54; Arthur J. Kover and William J. James, "When Do Advertising 'Power Words' Work? An Examination of Congruence and Satiation," *Journal of Advertising Research,* July/August 1993, pp. 32–38.

25. Burton, *Advertising Copywriting,* p. 58.

26. Raphel and Raphel, "A New Look at Newspaper Ads," pp. 13–14.

27. Burton, *Advertising Copywriting,* p. 54.

28. Ibid., p. 65; Andersson and Hatch, "How to Create Headlines That Get Results," pp. 28–35.

29. Bruce Bendinger, *The Copy Workshop Workbook* (Chicago: The Copy Workshop, 1993), p. 177.

30. Burton, *Advertising Copywriting,* p. 12.

31. Raphel and Raphel, "Rules to Advertise By," pp. 13–14.

32. Bendinger, *The Copy Workshop Workbook,* p. 92.

33. Burton, *Advertising Copywriting,* p. 74.

34. Ogilvy, *Ogilvy on Advertising,* p. 119.

35. Burton, *Advertising Copywriting,* p. 79.

36. Leigh, "The Use of Figures of Speech in Print Ad Headlines," pp. 17–33.

37. Burton, *Advertising Copywriting,* p. 90; Marjorie Zieff-Finn, "It's No Laughing Matter," *Direct Marketing,* September 1992, pp. 38–40.

38. O'Toole, *The Trouble with Advertising,* p. 149.

39. Joanne Lipman, "It's It and That's a Shame: Why Are Some Slogans Losers?" *The Wall Street Journal,* July 16, 1993, pp. A1, A4.

40. Levinson, *Guerrilla Advertising,* p. 203; Burton, *Advertising Copywriting,* pp. 221–22.

41. Herschell Gordon Lewis, "Radio Copywriting—Not as Easy as You May Think," *Direct Marketing,* July 1992, pp. 17–18.

42. Adapted with permission from Bob Garfield, "The Best Ad Missed the Boat to Cannes," *Advertising Age,* June 23, 1997, p. 29.

43. Ogilvy, *Ogilvy on Advertising,* p. 109.

44. Ibid., pp. 103–13.

45. Bendinger, *The Copy Workshop Workbook,* p. 84.

46. Ibid., p. 250.

47. "Corporate Advertising Study," Burson-Marsteller, October 13, 2003, www.efluentials.com/documents/pr_101303.pdf.

48. John Morkes and Jakob Nielsen, "Concise, SCANNABLE, and Objective: How to Write for the Web," 1997 (www.useit.com/papers/webwriting/writing.html).

49. Reid Goldsborough, "Text Demands Respect on the Web; Viewpoint: Looks Do Count, But an Honest Presentation Matters More," *Advertising Age,* July 31, 2000, p. 44.

50. Richard N. Weltz, "How Do You Say, 'Ooops!'" *Business Marketing,* October 1990, pp. 52–53.

51. Lennie Copeland, "Foreign Markets: Not for the Amateur," *Business Marketing,* July 1984, pp. 112–18.

52. John Freiralds, "Navigating the Minefields of Multilingual Marketing," *Pharmaceutical Executive*, September 1994, pp. 74–78.

Chapter Three

1. Saatchi & Saatchi Los Angeles and Toyota Motor Sales, personal correspondence and interviews, January 2001.
2. Susan and Gregory Pyros, "Success Depends on Organization & Planning," *Computer Pictures*, January/February 1994, p. 31.
3. Personal interview, Lorraine Alper Kramer, Saatchi & Saatchi Los Angeles, January 2001.
4. "Argentinian Ad Industry Rocked by New 10.5% Tax," *Advertising Age*, August 1996 (www.adage.com).
5. Wayne Robinson, *How'd They Design and Print That?* (Cincinnati: North Light Books, 1991), p. 6.
6. "Paper Costs Rise," *American Printer*, February 1995, p. 11.
7. Joe Mandese, "Amid Media Price Inflation, TV Production Costs Also Soar, Pose Threat to Addressability," *MediaDailyNews*, October 13, 2004 (http://publications.mediapost.com/index.cfm?fuseaction=Articles.showArticle&art_aid=875).
8. Cleveland Horton, "Spots: Cheaper Is More Effective," *Advertising Age*, July 4, 1994, p. 6.
9. Kenneth Roman and Jane Maas, *How to Advertise* (New York: St. Martin's Press, 1992), pp. 26–28; Miner Raymond, "How to Cut Commercial Production Costs without Anyone Knowing You've Done It," *Sales & Marketing Management in Canada*, December 1987, pp. 20–22; "Marketing Guide 19: Advertising Production," *Marketing* (UK), February 7, 1991, pp. 21–24.
10. "Multimedia on Wheels," *Multimedia Today*, vol. 2, no. 4 (1994), pp. 44–49.
11. Button Pushers: Ordering Kiosks Boost Sales and Speed of Service but Don't Necessarily Cut Labor Costs," *Chain Leader*, vol. 9, no. 1 (January 2004), p. 54 (retrieved from www.global.lexisnexis.com/us, August 26, 2004).
12. Scott Banerjee and Ed Christman, "Players Race to Place Kiosks," Billboard.com, July 11, 2004 (retrieved from www.global.lexisnexis.com/us, August 26, 2004); "Best Buy Enhances the Image of Digital Kiosks," *Retail Merchandiser*, August 1, 2004 (retrieved from www.global.lexisnexis.com/us, August 26, 2004).
13. Personal interview, Dean Van Eimeren, Saatchi & Saatchi Los Angeles, April 2001, p. 51.
14. Ibid., January 2001.
15. PANTONE® is a registered trademark of PANTONE, Inc.
16. Kathleen Lewis, "Printing: Teach Your Boss a Lesson," *In-House Graphics*, February 1990, p. 89.
17. Dave Zwang, "Proof of What? (New Technologies in Proofing Operations)," *American Printer*, October 1, 1996, pp. 40–44.
18. Jonathan Bond and Richard Kirshenbaum, *Under the Radar: Talking to Today's Cynical Consumer* (New York: John Wiley & Sons, 1998), p. 154.
19. Andrew Olds, "Creativity-Production: The Generalists," *Advertising Age*, January 1, 1990, pp. S26–S29, S31.
20. Adapted from Greg Hofman, "Splash Graphics That Say 'Gotcha,'" *Step-by-Step Graphics*, May/June 1991, p. 40.
21. David Ogilvy, *Ogilvy on Advertising* (New York: Random House, 1985), pp. 113–16.
22. Tom Cuniff, "The Second Creative Revolution," *Advertising Age*, December 6, 1993, p. 22.
23. Kate Fitzgerald, "Budget, New Media Issues on Front Burner," *Advertising Age*, April 4, 1994, p. 26.